\ラクチンおいしい！/
こだわり麺

堤 人美

講談社

Contents

5 はじめに

1章 みんなが喜ぶ鉄板麺

- 8 きつねうどん
- 10 カレーうどん
- 11 鶏南蛮そば
- 12 タンメン
- 13 黒酢担々麺
- 14 ソース焼きそば
- 15 五目ビーフン
- 16 ナポリタン
- 17 カルボナーラ
- 18 ボンゴレ

2章 ちゃちゃっと作れるシンプル麺

- 22 九条ねぎとゆずのうどん
- 23 梅バターあえ麺
  スプラウト麺
- 24 もやしにらそうめん
- 25 干物ときゅうりののっけそば
  トマトめんつゆのもずくそば
- 26 あさりとクレソンの汁ビーフン
- 27 ねぎとナッツのあえビーフン
- 28 豆腐とねぎのごま油麺
- 29 キムチ焼きそば
- 30 トマトと卵の焼きそば
- 31 ゴーヤの和風焼きそば
- 32 にらと豚肉のとろみ中華そば
- 33 チャーシューと小松菜の汁麺
- 34 ズッキーニと生ハムのパスタ
- 35 レモンクリームパスタ
  パルミジャーノと黒こしょうのパスタ
- 36 サーモンのからしタルタルパスタ
- 37 焦がしじょうゆの帆立てパスタ
- 38 ブロッコリーとアンチョビのパスタ
- 39 サーディンとルッコラのパスタ
  ミニトマトのパスタ
- 40 岩のりと山椒(さんしょう)のパスタ
- 41 たらことセロリのパスタ
  野沢菜とじゃこのパスタ

3章 意外なおいしさ変わり麺

- 44 春菊のかき揚げうどん
- 45 きんぴらごぼううどん
- 46 豚ばら肉みそのじゃじゃ麺風
- 47 アボカドとツナマヨのそうめん
- 48 豆乳きのこそば
- 49 さば缶の冷や汁そうめん
- 50 トムヤム麺
- 51 牛肉と香菜のフォー
- 52 レタスのあんかけ焼きそば
- 53 パッタイ風塩焼きそば
- 54 カレー風味ナポリタン
- 56 いわしのアーリオ・オーリオ
- 57 かきと長ねぎのみそクリームパスタ
- 58 いかとディルのさっぱりパスタ
- 59 香菜のレモンナンプラーパスタ
- 60 牛肉とマッシュルームのクリームパスタ
- 61 焼きパプリカとオレンジの冷製パスタ

4章 まとめ作りで、いつでもおいしい本格麺

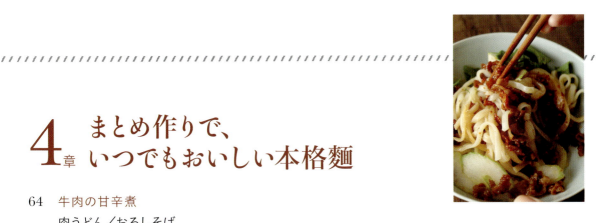

- 64 　牛肉の甘辛煮
  　　肉うどん／おろしそば
- 66 　ゆで鶏
  　　中華あえ麺／卵とじそうめん
- 68 　ナンプラー肉そぼろ
  　　レタスのサラダ麺／グリンピースのパスタ
- 70 　簡単ミートソース
  　　スパゲッティミートソース／かま揚げうどん 温玉のせ
- 72 　野菜たっぷりタルタルソース
  　　野菜タルタルパスタ／アボカドタルタルそうめん
- 74 　バジルソース
  　　ペンネバジルソース／じゃが芋といんげんのパスタ
- 76 　きのこのゆずこしょう炒め
  　　きのこつけ麺／きのこ焼きそば
- 78 　トマトソース
  　　ペンネアラビアータ／なすのトマトスパゲッティ

- 6 　 **column 1** 麺のこと
  　　うどん／ビーフン／そば／そうめん／中華麺／パスタ
- 20 　**column 2** だし汁・スープのこと
  　　だし汁のとり方／めんつゆの作り方／鶏スープのとり方
- 42 　**column 3** 麺のトッピング①
  　　フライドオニオン／カリカリベーコン／香味パン粉／にんにくチップ
- 62 　**column 4** 麺のトッピング②
  　　簡単ねぎ油／赤唐辛子のブランデー漬け／しょうがの酢漬け

本書の決まりごと

- ◎ 小さじ1は5㎖、大さじ1は15㎖、カップ1は200㎖です。
- ◎ 電子レンジの加熱時間は600Wを使用した場合の目安です。機種によって加熱時間が異なるので、様子を見ながら加減してください。
- ◎ ガスコンロの火加減は、特に指定がない場合は中火です。
- ◎ 調味料類は、特に指定がない場合、しょうゆは濃い口しょうゆ、小麦粉は薄力粉、砂糖は上白糖を使っています。

はじめに

麺食いなので、どんな麺でも使います

だしの香りが立ちのぼる、うどんやそばが大好きです。
すぐにゆで上がるそうめんもいいし、
エスニックにぴったりなビーフンや中華麺もはずせません。
そしてパスタは、スパゲッティからショートパスタまで
いつも何種類か常備しています。

麺料理が好きなわけ

1. すぐに食べたいときは麺！

"お腹ぺこぺこ"のときこそ、
麺料理がいいんです。
麺をゆでる間に、冷蔵庫にある食材を具にして、
ゆで上がったらのせて、もうでき上がり。
またはさっと炒めたり、熱々の汁をかけるだけ。
いずれも、ちょっとの時間で
"いただきます"ができます。

2. 本格麺も時短で楽しめる

肉感たっぷりのミートソースや
こっくりしたカルボナーラ、
タンメンや担々麺のような、
本格派の深い味わいも魅力です。
時間がかかるソースなどは、
まとめて作っておくのがおすすめ。
作りおきしておけば、
いつでも本格麺が楽しめます。

3. おもてなしにも使える

麺は"休日ランチ"のためだけの
ものではありません。
いわしをにんにくと
ハーブの香りをきかせてこんがり焼けば、
しゃれたパスタに早変わり。
ちょっと凝った麺料理は、
おもてなしにも重宝します。

4. 麺の組み合わせは自由に

パスタをエスニックにしたり、
汁うどんにきんぴらをのせたり、
いつもと違う意外な組み合わせもおいしいもの。
麺はいろいろな食材や味と相性がいいので、
「この料理にはこの麺」と決めつけず
楽しんでみましょう。

麺好きな私の集大成です

簡単ですぐに食べられるものから、お客様をもてなすものまで、
この本には、麺が大好きな私の今のお気に入りを集めました。
あなた好みの麺レシピが見つかり、思いたったら
気軽に作っていただけるとうれしいです。

column 1

麺のこと

この本で使った麺のことを
ゆで方を中心に
ご紹介します。
おいしい麺料理を
作るために、
まずは麺の扱い方を
知ってください。

うどん

冷凍麺を使用。一般的な太さのものと細めのものがあり、具や汁に合わせて使い分けています。ほとんどの料理はゆでて使います。

温かく食べる
鍋に湯をたっぷりと沸かす。うどんを凍ったまま入れ、袋の表示通りにゆで、ざるに上げて湯をきる。

冷たく食べる
"温かく食べる"と同様にゆで、ざるに上げて流水の下で洗い、水けをきる。

ビーフン

今回使用した中で、ビーフンは唯一、米が原料の麺。中国の福建省や台湾でよく食べられています。熱湯でもどして使います。

大きめのボウルにビーフンを入れ、熱湯を回しかけて3〜10分(時間は料理によって変わる)おいてもどす。ざるに上げて湯をきり、キッチンばさみで食べやすい長さに切る。

そば

乾燥麺を使用。この本では細めを使っていますが、お好みのもので。ゆでて使います。

温かく食べる
1 鍋に湯をたっぷりと沸かす。そばを入れ、袋の表示通りにゆで、ざるに上げて氷水で洗ってしめる。
2 別の鍋に湯を沸かし、そばを入れて温め、ざるに上げて湯をきる。

冷たく食べる
"温かく食べる"の1と同様に、ゆでて氷水で洗ってしめ、水けをきる。

そうめん

1束50gのものを使用。そうめんの代わりに、冷や麦を使ってもよい。ゆでて使います。

1 鍋に湯をたっぷりと沸かす。そうめんを入れ、再び沸騰してきたらカップ1/2ほどの水を加え(差し水)、さらに沸騰するまでゆでる。
2 ざるに上げ、流水の下でもみ洗いしてぬめりを落とす。氷水で洗ってしめ、水けをきる。

中華麺

汁麺やあえ麺には生の中華麺を、焼きそばには蒸し麺を使用。生麺はゆでて、蒸し麺は電子レンジで温めて使います。

温かく食べる
鍋に湯をたっぷりと沸かす。生麺をほぐしながら入れ、袋の表示通りにゆで、ざるに上げて湯をきる。

冷たく食べる
"温かく食べる"と同様に、湯を沸かして生麺を入れ、袋の表示通りにゆでる。ざるに上げて湯をきり、流水の下で洗って、水けをきる。

温め方
蒸し麺は、炒める前に耐熱皿に入れ、ふんわりとラップをかけて電子レンジに1分かける。

パスタ

今回は、スパゲッティ(1〜2mm)、リングイネ、フェットチーネ、ショートパスタ(ペンネ、フジッリ)を、ゆでて使っています。この本でのゆで時間は袋の「表示通り」「表示より短く」または「長くゆでる」の3種類があります。これはソースをさっとからめる、しっかりからめる、パスタを冷たくするなど、仕上がりに合わせたゆで時間になっています。

温かく食べる
1 鍋に湯を沸かし、塩を加える。2人分をゆでる場合は、湯2ℓに塩大さじ1が基本。スパゲッティを入れたら、袋の表示時間を参考にゆでる(料理によって表示通り、表示より短く、長くゆでる)。
2 ゆで上がったら、ざるに上げて湯をきる。ゆで汁をカップ1/2ほど取りおき、ソースがからみにくいときに加えると便利。とろみを調節できて、塩味もつく。

冷たく食べる
"温かく食べる"と同様に、湯を沸かしてパスタを入れ、袋の表示通りゆでる。ざるに上げて湯をきり、氷水で洗ってしめる。水けをきり、さらに水けをふく。

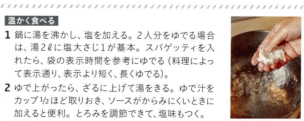

1章

みんなが喜ぶ鉄板麺

麺料理といえば、やっぱりこれ！ という10品。
子どものときから食べてきた記憶をもとに、
何度も試してたどりついた味もあります。
定番中の定番ですが、何度食べても懐かしく、
また食べたくなるものばかりです。

きつねうどん

故郷の京都では、うどんといえば甘辛く煮たお揚げ（油揚げ）をのせたものです。
京都のお揚げは細切りですが、今回は大きめで。大好きな青ねぎとしょうがをたっぷり添えます。

● 材料（2人分）
うどん（冷凍）…… 2玉
油揚げの甘煮（下記参照）…… 4枚
A ┃ だし汁 …… カップ4
　 ┃ みりん …… 大さじ2
　 ┃ 薄口しょうゆ …… 大さじ3
　 ┃ 塩 …… 少々
わけぎまたは万能ねぎ（小口切り）…… 適量
しょうが（すりおろす）…… ½かけ

● 作り方
1　鍋にAを入れて、一煮する。
2　うどんをゆで、1に入れてさっと温め、器に盛る。油揚げの甘煮をのせて、わけぎ、しょうがを添える。

> うどん
> 鍋に湯を沸かし、うどんを袋の表示通りにゆで、ざるに上げて湯をきる。

油揚げの甘煮

熱湯で油抜きしてから煮ると、すっきりした味に煮上がります。

● 材料（作りやすい分量）
油揚げ …… 4枚
A ┃ だし汁 …… カップ1½
　 ┃ 酒 …… 大さじ2
　 ┃ みりん、しょうゆ …… 各大さじ1½
　 ┃ 砂糖 …… 小さじ2

● 作り方
1　油揚げは熱湯をたっぷりと回しかけ、油抜きをする。長さを半分に切り、さらに三角になるように半分に切る。
2　鍋にAを入れて煮立て、1を加え、落としぶたをして5〜6分煮て、冷ます。

保存：冷蔵庫で3日

カレーうどん

やさしいとろみで、だしと合う"そば屋のカレーうどん"が私の理想。
肉の脂を落とし、その脂でカレー粉と小麦粉をしっかり炒めて、つゆを作るのがポイントです。

● 材料（2人分）
うどん（冷凍）……2玉
豚ばら薄切り肉……120g
わけぎまたは万能ねぎ
　……2〜3本
油揚げ……1枚
A ┌ カレー粉……大さじ2
　└ 薄力粉……大さじ3
B ┌ だし汁……カップ3½強
　│ 酒……大さじ2
　└ みりん、しょうゆ……各大さじ3
片栗粉……大さじ1
サラダ油……大さじ1〜2

● 作り方

1　豚肉は3cm長さに切り、塩、こしょう各少々（分量外）をふる。わけぎは斜めに4〜5cm長さに切る。油揚げは熱湯をたっぷりと回しかけ、細切りにする。

2　鍋にサラダ油を熱し、豚肉をさっと炒めて取り出す。そのまま鍋を弱火にかけ、Aを加えて弱火でじっくり炒める。

3　2のカレー粉の色が鮮やかになり、サラサラとしてきたらBを加え、混ぜながら煮る。煮立ったら豚肉を戻し入れ、アクを除き、わけぎ、油揚げを加えてさっと煮る。倍量の水で溶いた片栗粉で、とろみをつける。

4　うどんをゆで、器に盛り、3を注ぐ。

> うどん
> 鍋に湯を沸かし、うどんを袋の表示通りにゆで、ざるに上げて湯をきる。

鶏南蛮そば

"南蛮"とは長ねぎのことだそうです。このそばのおいしさは、なんといってもあぶった肉と長ねぎの香ばしさ。長ねぎの代わりに、焼いたきのこを合わせるのもおすすめ。

● 材料（2人分）
そば（乾燥）……200g
鶏もも肉……大1枚（300g）
長ねぎ……1本
A ┃ だし汁……カップ4
　┃ 酒……大さじ1
　┃ みりん……大さじ3
　┃ しょうゆ……大さじ3
ゆずこしょう……適宜

● 作り方
1. 鶏肉は厚みを均一にし、塩少々（分量外）をふる。長ねぎは4cm長さに切る。
2. 魚焼きグリル（両面焼き）に鶏肉の皮目を上にして長ねぎと並べ、中火で6分ほど焼く。長ねぎは4分ほど焼き、焼き色がついたら途中で取り出す。片面焼きのグリルの場合は、皮目側5分、返して3分焼く。長ねぎは表裏を2分ずつ焼く。
3. 鍋にAの酒とみりんを入れて一煮立ちさせ、残りのAを加える。再び煮立ったら2を加え、2分ほど煮る。鶏肉は取り出し、6等分に切る。
4. そばをゆで、器に盛り、3を注いで鶏肉をのせ、好みで、ゆずこしょうを添える。

> そば
> 鍋に湯を沸かし、そばを袋の表示通りにゆで、ざるに上げて氷水で洗う。熱湯に入れて温め、湯をきる。

タンメン

旬の野菜をお好みでたっぷり使ってください。
スープが決め手なので、自分でとった鶏スープ(p.20参照)を使うとより本格的になりますよ。

● 材料（2人分）
中華生麺 …… 2玉
豚ばら薄切り肉 …… 100g
きくらげ（乾燥）…… 5g
もやし …… 1/2袋（100g）
キャベツ …… 1枚
にんじん …… 3cm
長ねぎ …… 1/4本
鶏スープ（水カップ3 1/2＋
　鶏がらスープの素小さじ1/2）
A｜塩 …… 小さじ1弱
　｜酒 …… 大さじ1
サラダ油 …… 大さじ1

● 作り方
1　きくらげはぬるま湯に15分ほどつけてもどし、石づきを除いて一口大に切る。もやしはできればひげ根を除き、キャベツはざく切りにする。にんじんは短冊切りにし、長ねぎは斜めに2cm幅に切る。
2　豚肉は2cm幅に切り、塩、こしょう各少々（分量外）をふる。
3　フライパンにサラダ油を熱し、豚肉を強火でさっと炒める。1の野菜を加えて1分ほど炒め、鶏スープとAを加え、中火にして3分ほど煮る。
4　中華麺をゆでる。3のスープを器に注ぎ、麺を加えて3の具をのせる。好みで、酢をかける。

中華麺
鍋に湯を沸かし、中華麺を袋の表示通りにゆで、ざるに上げて湯をきる。

黒酢担々麺

あえ麺が大好きな私の自慢の一品。
ピリ辛の肉みそをスープと麺にからめて、残さず食べてほしいです！

● 材料 (2人分)
中華生麺 …… 2玉
豚ひき肉 …… 150g
青梗菜(チンゲンツァイ) …… 1株
ザーサイまたは味つきザーサイ
　…… 20g

A
- にんにく、しょうが (みじん切り)
　…… 各1かけ
- 豆板醤(トウバンジャン) …… 小さじ1
- 甜麺醤(テンメンジャン) …… 大さじ1
- 塩、こしょう …… 各適量

鶏スープ (水カップ1½＋
　鶏がらスープの素小さじ1)

B
- 練り白ごま、しょうゆ
　…… 各大さじ2
- 黒酢 …… 大さじ1
- ラー油 …… 大さじ1〜1½
- 豆乳 …… カップ¼

ごま油 …… 大さじ1

● 作り方
1. 青梗菜は縦4等分に切る。ザーサイは薄切りにして水につけ、塩抜きしてからみじん切りにする (味つきならそのままみじん切りにする)。
2. フライパンにごま油とザーサイ、Aを入れて弱火で炒め、香りが出たら、中火にしてひき肉を加え、2分ほど炒める。鶏スープを加えて、一煮立ちさせる。
3. Bを混ぜて、器に等分に入れる。
4. 中華麺をゆで、同じ熱湯で青梗菜もゆでる。
5. 3の器に麺を入れて2を注ぎ、青梗菜、豆板醤 (分量外) をのせる。好みで、粉山椒(こなざんしょう)やラー油をかける。

中華麺
鍋に湯を沸かし、中華麺を袋の表示通りにゆで、ざるに上げて湯をきる。

ソース焼きそば

子どもの頃、土曜のランチによく姉と焼きそばを作りました。
ウスターソースと中濃ソース、塩、こしょうだけのシンプルな味つけが好みです。

● **材料**（2人分）
中華蒸し麺 …… 2玉
豚こま切れ肉 …… 150g
キャベツ …… 3枚
玉ねぎ …… ½個
ピーマン …… 2個
A ｜ウスターソース …… 大さじ4
　｜中濃ソース …… 大さじ2
塩、こしょう …… 各少々
サラダ油 …… 小さじ2
青のり、紅しょうが、マヨネーズ、
練りがらし …… 各適宜

● **作り方**

1. キャベツは一口大に切り、玉ねぎは1cm幅のくし形切りにし、ほぐす。ピーマンは縦半分に切り、へたと種を除き、横に1cm幅に切る。
2. 中華麺とキャベツを電子レンジで温める。
3. フライパンにサラダ油を熱し、豚肉と玉ねぎを炒め、ピーマンを加えてさっと炒め、中央をあけて**2**を加えて全体を炒め合わせる。**A**を加えてさっと炒め、塩、こしょうで味を調える。
4. 器に盛り、好みで青のりをふり、紅しょうが、マヨネーズ、練りがらしを添える。

中華麺
耐熱皿に中華麺を入れ、上にキャベツをのせてラップをふんわりとかけ、電子レンジに1分〜1分半かける。

五目ビーフン

ビーフンをかためにもどし、肉と野菜のうまみが出た汁をしっかり吸わせるように仕上げます。
五目がそろわなくても、干ししいたけのうまみと香味野菜で味がまとまるので大丈夫！

● **材料**（2人分）
ビーフン（乾燥）……150g
豚ばら薄切り肉……100g
干ししいたけ……2枚
長ねぎ……1本
にんじん……¼本
ゆで竹の子……小1本（60g）
しょうが（せん切り）……1かけ
塩、こしょう……各少々
A ┃ 鶏がらスープの素……小さじ1
　 ┃ 水……カップ1
　 ┃ 酒……小さじ2
しょうゆ……大さじ1
ごま油……大さじ1

● **作り方**
1 干ししいたけは水につけてもどす（できれば冷蔵庫で一晩）。軸を除き、薄切りにする。
2 豚肉は2cm長さに切る。
3 長ねぎは縦半分に切り、斜め薄切りにする。にんじんはせん切りにする。竹の子は穂先と根元に分け、穂先は縦半分に切って薄切り、根元は細切りにする。
4 ビーフンをもどし、食べやすい長さに切る。
5 フライパンにごま油を熱し、弱火でしょうがと長ねぎをしんなりするまで炒め、中火にして豚肉をさっと炒め合わせる。しいたけ、にんじん、竹の子を加えて炒め、全体に油がまわったら塩、こしょう各少々をふる。Aを加え、煮立ったらアクを除き、しょうゆと塩少々で味を調え、ビーフンを加えて2〜3分煮る。

> ビーフン　大きめのボウルにビーフンを入れ、熱湯を回しかけ、3分ほどおいてもどし、湯をきる。

ナポリタン

学生の頃アルバイトしていたお店の、人気メニューでした。
懐かしいけど、いつものナポリタンとは一味も二味も違う本格派です。

● **材料**（2人分）
スパゲッティ（2mm）……160g
スライスハム……4枚
ピーマン……1個
玉ねぎ……1/2個
A ┃ トマトケチャップ
　　　……大さじ2 1/2 ～ 3
　┃ トマトピューレ……カップ1/2
バター……大さじ2
粉チーズ……適量
塩、こしょう……各少々

● **作り方**

1. ハムは半分に切り、さらに1cm幅に切る。ピーマンは縦半分に切り、へたと種を除き、縦に1cm幅に切る。玉ねぎは1cm幅のくし形に切ってほぐす。
2. フライパンにバターを熱し、ハム、ピーマン、玉ねぎを2分ほど炒め、玉ねぎがしんなりしたらAを加えて3分ほど炒め、いったん火を止める。
3. スパゲッティをゆで、ざるに上げたらラップをかけ、3分ほど蒸らす（写真）。
4. 2を再び火にかけ、スパゲッティを加えて炒め合わせ、ゆで汁大さじ2 ～ 3、塩、こしょうを加えて味を調える。器に盛り、粉チーズをふる。

> パスタ
> 鍋に湯を沸かし、塩を加え（湯2ℓに塩大さじ1）、スパゲッティを袋の表示時間より1分長くゆで、ゆで汁をカップ1/2ほど取りおき、ざるに上げて湯をきる。

● 材料（2人分）
スパゲッティ（2mm）…… 160g
ベーコン（かたまり）…… 80g
A ┃ 卵 …… 2個
　┃ パルミジャーノ（すりおろす）
　┃ 　…… 50g
　┃ 塩、こしょう …… 各少々
粗びき黒こしょう …… 適量
オリーブ油 …… 大さじ1

● 作り方
1　ベーコンは1cm角に切り、オリーブ油を熱したフライパンで2分ほどこんがりするまで炒める。
2　大きめのボウルにAを合わせて混ぜる（**a**）。
3　スパゲッティをゆでる。
4　**3**を**2**のボウルに入れ（**b**）、ざっと混ぜてから**1**のフライパンに加え、弱火でさっと混ぜる。ゆで汁大さじ3を加え（**c**）、すぐに火から下ろしてさっと混ぜ、器に盛り、黒こしょうをたっぷりふる。

> パスタ
> 鍋に湯を沸かし、塩を加え（湯2ℓに塩大さじ1）、スパゲッティを袋の表示時間より1分短くゆで、ゆで汁をカップ½ほど取りおき、ざるに上げて湯をきる。

カルボナーラ

卵にほどよく火を通したいので、熱々のベーコンとは別に卵とパルミジャーノをゆでたパスタにからめてから、ベーコンのフライパンに加えてさっと仕上げます。

a

b

c

ボンゴレ

あさりのうまみがたまらない一品。砂抜きずみで売っているものも、ひと手間かけるのがおすすめです。あさりの口が開いたらゆで汁で煮つめ、味をぐっと引き出して。

● **材料**（2人分）
スパゲッティ（1.6mm）…… 160g
あさり（砂抜きずみのもの）…… 300g
にんにく（粗みじん切り）…… 1かけ
赤唐辛子（半分に折って種を除く）…… 1本
イタリアンパセリ（粗みじん切り）…… 1枝
白ワイン …… カップ¼
こしょう …… 適量
オリーブ油 …… 大さじ2

● **作り方**
1 あさりは、殻と殻をこすり合わせるようにしてよく洗う。
2 スパゲッティをゆでる。
3 フライパンにオリーブ油大さじ1、にんにく、赤唐辛子を入れて弱火にかけて炒める。香りが出たらあさりを加え（**a**）、白ワインをふってさっと炒め、ふたをして弱めの中火で蒸し煮にする。あさりの口が開いたら（**b**）、**2**のゆで汁を大さじ2ほど加え、とろりとするまで煮つめ、いったん火を止める。
4 スパゲッティがゆで上がったら**3**を火にかけ、スパゲッティを加え、手早く炒め合わせる（**c**）。ゆで汁大さじ3〜4、オリーブ油大さじ1を加えてさらによく混ぜ、イタリアンパセリをさっと混ぜて、こしょうをふり、器に盛る。

> **パスタ**
> 鍋に湯を沸かし、塩を加え（湯2ℓに塩大さじ1）、スパゲッティを袋の表示時間より1分短くゆで、ゆで汁をカップ½ほど取りおき、ざるに上げて湯をきる。

あさりの砂抜き

あさりは砂抜きずみでも、さらに砂を吐かせると食べやすい。なめてしょっぱいくらい（約3％）のひたひたの塩水に入れ、新聞紙などを上にかけて1時間以上おく。

a

b

c

column 2

だし汁・スープのこと

手軽に楽しむときは市販の素などを使ってもいいのですが、ちょっとこだわりたいときは
だし汁やスープをとると、ひと味もふた味も違ってきます。

だし汁のとり方

昆布と削り節でとる、基本の和風だしです。
昆布は切り込みを入れて、うまみが出やすいようにします。

● 材料
（でき上がり約カップ5分）
昆布 …… 5×10cmを2枚
削り節 …… 20g
水 …… カップ5

1 昆布はキッチンペーパーでさっとふき、両端にはさみで数ヵ所切り込みを入れる。鍋に入れて分量の水を注ぎ、1時間ほどおく。弱火にかけ、昆布のまわりから小さな泡が出るようになったら、沸騰する前に取り出す。
2 すぐに削り節を加え、さっと混ぜてアクを除き、一煮して火を止める。
3 ざるに厚手のキッチンペーパーを敷き、こす。

保存：冷蔵庫で2～3日

めんつゆの作り方

うどんにもそばにも使える万能タイプ。
最初にみりんと酒を煮立てて煮きり、アルコール分をとばすとマイルドに。

● 材料
（でき上がり約カップ2½分）
削り節 …… 20g
みりん …… カップ¼
酒 …… 大さじ2
A｜しょうゆ …… 大さじ4
　｜水 …… カップ2

1 鍋にみりんと酒を入れて火にかけ、一煮立ちさせてアルコール分をとばす。
2 1にAを加え、煮立ったら削り節を加える。
3 弱火で5分煮たら、厚手のキッチンペーパーでこす。

保存：冷蔵庫で2～3日

鶏スープのとり方

鶏肉、野菜を使って、いろいろなうまみをミックスしたぜいたくなスープです。
スープをとったあとの鶏肉、野菜はほかの料理に活用できます。

● 材料
（でき上がり約カップ8分）
鶏もも骨つき肉（ぶつ切り）
　…… 2本
鶏ひき肉 …… 100g
玉ねぎ …… 1個
にんじん …… 1本
白粒こしょう …… 小さじ1
しょうが（皮つき薄切り）
　…… 4枚
にんにく（包丁の腹でつぶす）
　…… 2～3かけ
セロリの葉 …… 1本分
酒 …… カップ¼
水 …… カップ8

1 鶏もも肉は水けをふく。玉ねぎは皮ごと4等分に切り、にんじんは皮ごと縦半分に切る。
2 鍋にすべての材料を入れ、強火にかける。沸騰したら弱めの中火にし、アクを除きながら40分ほど煮る。
3 鶏もも肉、玉ねぎ、にんじんを除き、厚手のキッチンペーパーで静かにこす。

ていねいにアクを除くと、澄んだスープに

保存：冷蔵庫で2～3日

MEMO
スープをとった鶏肉は骨を除いて肉は裂き、麺の具やサラダに使う。野菜は切って、ミートソースなどに生かして。

2章

ちゃちゃっと作れるシンプル麺

材料を切ってのせるだけ、
さっと炒めるだけなど、
麺が食べたい！と思ったらすぐできる
簡単な麺を集めました。
材料は少なめでも、
香りや辛み、酸味をきかせると、
味に変化が生まれます。

九条ねぎとゆずのうどん

地元の京都では、青い九条ねぎをたっぷり使ったうどんが定番。
さっと火を通して、色と香りを楽しみましょう。

● **材料**（2人分）
うどん（冷凍／細め）……2玉
九条ねぎまたはあさつき
　……4〜5本
ゆずの皮（せん切り）……適量
A ┃ だし汁……カップ4
　┃ 酒……大さじ1
　┃ みりん……大さじ2
　┃ 薄口しょうゆ……大さじ3
　┃ 塩……少々

● **作り方**
1　九条ねぎは斜めに1cm幅で長めに切る。
2　鍋にAの酒とみりんを入れてさっと煮て、残りの材料を加え煮立たせる。冷凍うどんを加え、麺がほぐれたら1を加えてさっと煮る。器に盛り、ゆずを散らす。

【九条ねぎ】
白い部分を食べる長ねぎと違い、緑色の葉の部分を味わう京都特産の青ねぎ。やわらかく風味があります。

梅バターあえ麺

原則、梅干しとバターさえあればOK！
ここでは、細かく刻んだ水菜をアクセントに。

● 材料 (2人分)
うどん（冷凍）…… 2玉
梅干し …… 2個
水菜 …… 1株
バター …… 大さじ3
めんつゆ (p.20参照) …… 大さじ2

● 作り方
1 梅干しは種を除く。水菜は細かく刻む。
2 うどんをゆで、器に盛り、1とバターをのせ、めんつゆをかけて梅干しをほぐしながらよく混ぜる。好みで、削り節をかけても合う。

[うどん 鍋に湯を沸かし、うどんを袋の表示通りにゆで、ざるに上げて湯をきる。]

スプラウト麺

青い香りの豆苗とピリッと辛い貝割れ菜を
うどんにのせた、フレッシュな一品。

● 材料 (2人分)
うどん（冷凍）…… 2玉
豆苗(トウミャオ) …… ¼パック
貝割れ菜 …… ½パック
A │ ナンプラー …… 小さじ1
  │ 塩、こしょう …… 各少々
  │ 酢、オリーブ油 …… 各大さじ½
B │ ナンプラー、しょうゆ …… 各小さじ2

● 作り方
1 豆苗、貝割れ菜ともに根元を切り落とし、それぞれ食べやすい長さに切り、ボウルに入れ、Aを加えてあえる。
2 うどんをゆで、器に盛り、1をのせ、混ぜたBをかける。

もやしにらそうめん

もやしとにらをごま油でさっと炒めてのせるだけ。
野菜だけでも、香りと歯ごたえで満足感ありです。

● 材料（2人分）
そうめん …… 3束（150g）
もやし …… ½袋（100g）
にら …… ⅓束
A ｜ 塩、こしょう …… 各少々
　｜ ごま油 …… 小さじ1
B ｜ 水 …… カップ3½
　｜ 鶏がらスープの素 …… 小さじ1
　｜ 酒 …… 大さじ2
　｜ みりん …… 大さじ1
　｜ しょうゆ …… 大さじ1½
　｜ 塩 …… 1つまみ
いり白ごま …… 小さじ2

● 作り方
1 もやしはさっと洗ってひげ根を除く。にらは4cm長さに切る。フライパンにAを混ぜて熱し、もやしとにらを強火でさっと炒める。
2 そうめんをゆでる。
3 鍋にBを煮立たせ、2を加え、そうめんが温まったら器に盛り、1をのせていりごまをふる。

【もやし】
もやしはひと手間でもひげ根を除くと、独特のにおいもやわらぎ、口当たりがぐっとよくなります。

> そうめん
> 鍋に湯を沸かし、そうめんを入れて再び沸騰してきたら差し水をして、さらに沸騰するまでゆでる。ざるに上げ、流水でもみ洗いし、氷水で洗って水けをきる。

干物ときゅうりのっけそば

干物の塩味、うまみは麺にぴったり。
塩もみきゅうりがアクセントになります。

● 材料（2人分）
そば（乾燥）……200g
あじの干物……2枚
きゅうり……1本
塩……少々
A｜しょうゆ、レモン汁……各小さじ2

● 作り方
1 干物は魚焼きグリルで両面をこんがりするまで焼き（約6分）、骨と皮を除き、身を粗くほぐす。
2 きゅうりは皮を縞状にむき、塩をまぶしてまな板の上で転がし（板ずり）、小口切りにして水けを絞る。1と混ぜ合わせてAであえる。
3 そばをゆで、器に盛り、2をのせ、混ぜて食べる。

トマトめんつゆのもずくそば

めんつゆにすりおろしたトマトを混ぜたつゆが、
驚きのおいしさを生むヘルシー麺です。

● 材料（2人分）
そば（乾燥）……200g
トマト……1個
A｜もずく（味つけなし）……50g
　｜めんつゆ（p.20参照）……大さじ3
　｜水……カップ2/3
貝割れ菜……1/2パック
ツナ缶（油漬け）……小1缶（55g）
ごま油……小さじ1

● 作り方
1 トマトは皮ごとすりおろし、Aと混ぜてつゆを作る。貝割れ菜は根元を切り、長さを半分に切る。
2 そばをゆでる。
3 器にごま油を等分に入れて塗り、2を盛り、1のトマトめんつゆを注ぐ。缶汁をきったツナをのせ、貝割れ菜を散らす。

> そば 鍋に湯を沸かし、そばを袋の表示通りにゆで、ざるに上げて氷水で洗い、水けをきる。

あさりとクレソンの汁ビーフン

あさりを煮てうまみをスープに移し、そのスープでビーフンをさっと煮ます。
あとは玉ねぎとクレソンをのせるだけ。

● 材料（2人分）
ビーフン（乾燥）…… 100g
あさり（砂抜きずみのもの）※ …… 250g
赤玉ねぎまたは玉ねぎ …… ¼個
クレソン …… 4株
A │ 水 …… カップ4
　│ 酒 …… 大さじ2
　│ にんにく（包丁の腹でつぶす）…… 1かけ
　│ 赤唐辛子（半分に折って種を除く）…… 1本
B │ ナンプラー …… 大さじ1
　│ レモン汁 …… 小さじ2
こしょう …… 適量
※あさりの砂抜きはp.18参照。

● 作り方
1　あさりは、殻と殻をこすり合わせるようにして洗う。赤玉ねぎは薄切りにし、クレソンは葉を摘む。
2　鍋にあさりを入れ、Aを加えて煮る。あさりの口が開いたらアクを除き、Bを加えて味を調える。
3　ビーフンをもどし、食べやすい長さに切り、2に加えてさっと煮る。器に盛り、赤玉ねぎ、クレソンを添え、こしょうをふる。

┌─ ビーフン ─
│ 大きめのボウルにビーフンを入れ、熱湯を回しかけ、3分ほどおいてもどし、湯をきる。

ねぎとナッツのあえビーフン

もてなしの締めの一皿にも、速攻ランチにもぴったり。
ナッツの香ばしさ、コクが米の麺に合います。

● **材料**（2人分）
ビーフン（乾燥）……100g
長ねぎ……½本
ミックスナッツ……30g
味つきザーサイ……40g
しょうが……½かけ
A ┃ しょうゆ……小さじ2
　 ┃ 塩……小さじ¼
　 ┃ 粗びき黒こしょう……適量
　 ┃ ごま油……大さじ1
香菜（葉を摘む）……適量

● **作り方**
1 長ねぎは縦半分に切り、斜め薄切りにする。ミックスナッツはざく切りにする。ザーサイは粗く刻み、しょうがはせん切りにする。すべてボウルに入れ、Aを加えてあえる。
2 ビーフンをもどし、食べやすい長さに切り、1に加えてあえ、器に盛って香菜を添える。

> ビーフン
> 大きめのボウルにビーフンを入れ、熱湯を回しかけ、10分ほどおいてもどし、湯をきる。

豆腐とねぎのごま油麺

ねぎ以外に、じゃこや山椒(さんしょう)を合わせてもおいしい。
ヘルシーなのに食べごたえがあり、ごまの香りが食欲をそそります。

● 材料（2人分）
中華生麺……2玉
木綿豆腐……½丁（150g）
A ┃ 万能ねぎ（小口切り）……½束
　┃ 長ねぎ（粗みじん切り）……½本
　┃ いり黒ごま……大さじ1
　┃ しょうゆ、塩……各小さじ1
ごま油……大さじ2

● 作り方
1 豆腐は厚手のキッチンペーパーに包み、15分ほどおいて水けをきる。
2 1をくずしながらボウルに入れ、Aを加えてざっと混ぜる。
3 中華麺をゆで、ごま油を混ぜて器に盛り、2をのせ、よく混ぜて食べる。

中華麺
鍋に湯を沸かし、中華麺を袋の表示通りにゆで、ざるに上げて湯をきり、流水で洗って水けをきる。

キムチ焼きそば

定番のエスニック焼きそばには、少し酸味のあるキムチが合います。
みそを少しだけ混ぜると、なんともいえないコクが出ます。

● 材料（2人分）
中華蒸し麺 …… 2玉
豚こま切れ肉 …… 100g
白菜キムチ …… 100g
にら …… 1/2束
A │ みそ …… 小さじ1
　│ しょうゆ …… 小さじ2
　│ 酒 …… 大さじ1
ごま油 …… 大さじ1

● 作り方
1 豚肉に塩、こしょう各少々（分量外）をふる。にらは3〜4cm長さに切る。中華麺を温める。
2 フライパンにごま油を熱し、豚肉をさっと炒め、すぐにキムチを加える。豚肉の色が変わったら、にらを加えて1分ほど炒める。
3 1の麺をほぐして加え、さっと炒め、よく混ぜたAを加えて炒め合わせる。

中華麺
耐熱皿に中華麺を入れ、ふんわりとラップをかけて電子レンジに1分かける。

トマトと卵の焼きそば

トマトはよく炒めてやわらかくすると、うまみとコクが出ます。
ふんわり卵が口にやさしく、絶妙なバランスです。

● 材料（2人分）
中華蒸し麺 …… 2玉
トマト …… 2個
味つきザーサイ …… 30g
卵 …… 2個
にんにく（みじん切り）…… ½かけ
A｜オイスターソース …… 大さじ2
　｜しょうゆ …… 小さじ2
塩、こしょう …… 各少々
ごま油 …… 適量

● 作り方

1 トマトは6等分のくし形に切る。ザーサイはざく切りにする。中華麺を温める。

2 フライパンにごま油大さじ1を熱し、溶いた卵を流し入れ、木べらなどで大きく混ぜながら強火で炒め、半熟になったら取り出す。

3 フライパンをきれいにしてごま油小さじ2を熱し、弱火でにんにくを炒め、香りが出たら麺を加えて中火で1分ほど炒める。トマトとザーサイを加え、トマトの皮がはじけるまで炒め、Aを加え、さっと炒める。2を戻し入れ、塩、こしょうをして器に盛る。黒酢をかけてもおいしい。

[中華麺
耐熱皿に中華麺を入れ、ふんわりとラップをかけて電子レンジに1分かける。]

ゴーヤの和風焼きそば

ソースよりもしょうゆの風味が強い焼きそば。
最後に削り節を混ぜて、ゴーヤの苦みをやわらげます。

●**材料**（2人分）
中華蒸し麺……2玉
豚こま切れ肉……100g
ゴーヤ……½本
しょうが（せん切り）……1かけ
酒……大さじ1
A | しょうゆ……大さじ1½
　| ウスターソース……大さじ1
　| 塩、こしょう……各少々
ごま油……大さじ1
削り節……1パック

●**作り方**
1 豚肉に塩、こしょう各少々（分量外）をふる。ゴーヤは種とわたを除き、横に薄切りにする。中華麺を温める。
2 フライパンにごま油を熱し、豚肉をさっと炒め、ゴーヤを加えてさらに1分炒める。酒としょうがを加えて炒め、麺とAを加えて炒め合わせる。器に盛り、削り節を散らす。

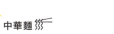
中華麺
耐熱皿に中華麺を入れ、ふんわりとラップをかけて電子レンジに1分かける。

にらと豚肉のとろみ中華そば

豚ばら肉を脂が出るまでじっくり炒めると、香ばしくなり、うまみも出ます。
「こんなに入れるの？」と驚くほどニラを使うのがコツ。

●材料（2人分）
中華生麺……2玉
豚ばら薄切り肉……150g
にら……1束
しょうが（せん切り）……1かけ
鶏スープ（水カップ3＋鶏がらスープの素小さじ½）
A ┃ 酒……大さじ2
　 ┃ オイスターソース、しょうゆ……各大さじ2弱
　 ┃ 塩、こしょう……各少々
片栗粉……大さじ1½〜2
ごま油……小さじ2
豆板醤（トウバンジャン）……適宜

●作り方
1 豚肉は1cm幅に切り、塩、こしょう各少々（分量外）をふる。にらは細かく刻む。中華麺をゆでる。
2 鍋にごま油を熱し、弱火でしょうがを炒める。香りが出たら豚肉を加え、脂が出るまで中火で2分ほど炒める。鶏スープを加えて強火で煮立て、アクを除いてAを加え、倍量の水で溶いた片栗粉でとろみをつける。
3 2ににらと麺を加え、さっと煮て器に盛り、好みで豆板醤を添える。

> 中華麺
> 鍋に湯を沸かし、中華麺を袋の表示通りにゆで、ざるに上げて湯をきる。

チャーシューと小松菜の汁麺

市販のおいしいチャーシューがあれば、ラーメンはすぐ作れます。
スープのしょうゆだれは、思いがけず簡単。

● 材料（2人分）
中華生麺 …… 2玉
チャーシュー（市販）…… 60g
小松菜 …… 2株
A │ しょうゆ …… 大さじ3
　 │ 酒、みりん …… 各大さじ3
　 │ にんにく（包丁の腹でつぶす）…… 1かけ
鶏スープ（水カップ4＋鶏がらスープの素小さじ½）

● 作り方
1　チャーシューは1cm幅の棒状に切る。小松菜は5cm長さに切る。
2　鍋にAを入れて強火にかけ、3分ほど煮る。にんにくの香りが出たら鶏スープを加え、一煮する。
3　別の鍋に湯を沸かし、ごま油少々（分量外）を加えて小松菜をさっとゆでて、水けをきる。同じ鍋で中華麺をゆで、2に加えてさっと煮る。器に盛り、小松菜、チャーシューをのせる。

> 中華麺
> 鍋に湯を沸かし、中華麺を袋の表示通りにゆで、ざるに上げて湯をきる。

ズッキーニと生ハムのパスタ

ズッキーニは塩もみをして生ハムと合わせ、冷製パスタに。
生ハムは食べやすくちぎって混ぜて食べます。

● **材料**（2人分）
スパゲッティ（1mm）……100g
ズッキーニ……½本
生ハム……4枚
レモンの皮（ワックス不使用のもの／せん切り）……適量
A | レモン汁……小さじ2
  | 塩……小さじ½
  | こしょう……適量
  | オリーブ油……大さじ2

● **作り方**
1 ズッキーニは薄い輪切りにし、塩少々（分量外）をふり、5分おいて水けを絞る。
2 スパゲッティをゆでる。
3 ボウルに2、Aを入れてあえ、器に盛り、1、生ハムをのせ、レモンの皮を散らす。

> **パスタ**
> 鍋に湯を沸かし、塩を加え（湯2ℓに塩大さじ1）、スパゲッティを袋の表示時間通りにゆでる。ざるに上げて氷水で冷まし、水けをふく。

レモンクリームパスタ

クリーム味を楽しむパスタ。生クリームはふわっと煮立てると、レモン汁がなじみやすくなります。

● 材料（2人分）
リングイネ …… 160g
A ┃ 生クリーム …… カップ1
　 ┃ レモン汁 …… 大さじ2
塩、こしょう …… 各適量
パルミジャーノ（すりおろす）…… 30g
バター …… 大さじ2
レモンのくし形切り …… 2個

● 作り方
1 リングイネをゆでる。
2 フライパンにバターを溶かし、Aを加えて一度ふわっと煮立てる。塩、こしょう、ゆで汁大さじ3〜4、パルミジャーノを加え、すぐに火を止めて1を加え、さっと混ぜる。器に盛り、レモンを添える。

> **パスタ**
> 鍋に湯を沸かし、塩を加え（湯2ℓに塩大さじ1）、パスタを袋の表示時間より1分短くゆで、ゆで汁をカップ1/2ほど取りおき、ざるに上げて湯をきる。

パルミジャーノと黒こしょうのパスタ

チーズとこしょうの超シンプルパスタ。パスタ好きにはたまらない組み合わせです。

● 材料（2人分）
スパゲッティ（1.6㎜）…… 160g
パルミジャーノ（すりおろす）…… 大さじ6
塩、粗びき黒こしょう …… 各適量
オリーブ油 …… 大さじ2
レモンの薄切り …… 2枚

● 作り方
1 スパゲッティをゆでる。
2 ボウルにスパゲッティ、パルミジャーノ（仕上げ用に少量を残す）と塩、黒こしょう、オリーブ油、ゆで汁大さじ3〜4を入れてあえる。器に盛り、残したパルミジャーノ、黒こしょうをふり、レモンを添える。

【パルミジャーノ】
イタリアを代表するチーズで、正式名はパルミジャーノ・レッジャーノ。できればかたまりを買い求めてすりおろすと、香りよいパスタに仕上がります。

サーモンのからしタルタルパスタ

サーモンをコロコロに切って、香りのよいものといっしょにパスタと混ぜます。
味のまとめ役はマスタードとしょうゆです。

●材料 (2人分)
スパゲッティ (1mm) …… 100g
サーモン (刺身用) …… 1さく (200g)
赤玉ねぎまたは玉ねぎ …… 1/4個
きゅうりのピクルス …… 小4本
ディル …… 1枝
A｜塩 …… 小さじ1/3
　｜マスタード、しょうゆ、レモン汁 …… 各小さじ2
　｜こしょう …… 適量
マヨネーズ …… 大さじ1

●作り方
1　サーモンは5mm角に切る。赤玉ねぎは粗みじん切りにし、水にさっとさらして水けを絞る。ともにボウルに入れ、Aを加えてあえる。
2　ピクルスは薄い輪切りにする。ディルは葉を摘んでざく切りにする。
3　スパゲッティをゆで、器に盛り、1をのせる。2を散らし、マヨネーズを添える。

> パスタ
> 鍋に湯を沸かし、塩を加え (湯2ℓに塩大さじ1)、スパゲッティを袋の表示時間通りにゆでる。ざるに上げて氷水で冷まし、水けをふく。

焦がしじょうゆの帆立てパスタ

しょうゆはフライパンの鍋肌から回し入れて焦がし、香ばしく仕上げて。
パセリのみじん切りが風味をぐんと良くしてくれます。

● 材料 (2人分)
スパゲッティ (1.6mm) …… 160g
帆立て貝柱 …… 8個
にんにく (包丁の腹でつぶす) …… 1かけ
しょうゆ …… 小さじ2
A ｜ 塩 …… 少々
　｜ パセリ (粗みじん切り) …… 大さじ4
　｜ レモン汁 …… 大さじ1
バター …… 大さじ3
粗びき黒こしょう …… 適量

● 作り方
1 帆立ては一口大に切る。
2 スパゲッティをゆでる。
3 フライパンにバター大さじ2を弱火で溶かし、にんにくを炒める。香りが出たら中火にし、1を加えて全体をさっと焼き、しょうゆを鍋肌から回し入れる。2、A、ゆで汁大さじ3〜4を加えてさっと混ぜ、バター大さじ1を加えて混ぜる。器に盛り、黒こしょうをふる。

> パスタ
> 鍋に湯を沸かし、塩を加え (湯2ℓに塩大さじ1)、スパゲッティを袋の表示時間より1分短くゆでる。ゆで汁をカップ1/2ほど取りおき、ざるに上げて湯をきる。

ブロッコリーとアンチョビのパスタ

ブロッコリーは、少し煮くずれてパスタにからむくらいゆでて。

● **材料**（2人分）
スパゲッティ（1.9mm）……160g
ブロッコリー……½個（150g）
アンチョビ……3枚
にんにく（粗みじん切り）……1かけ
塩……小さじ¼
こしょう……適量
オリーブ油……大さじ2

● **作り方**
1 ブロッコリーは小房に分ける。
2 スパゲッティとブロッコリーをゆでる。
3 フライパンにオリーブ油大さじ1を熱し、弱火でにんにくを炒め、香りが出たらアンチョビを木べらでつぶすように炒める。2を加え、中火にして塩、こしょう、ゆで汁大さじ3〜4、オリーブ油大さじ1を加えて一混ぜする。

> **パスタ**
> 鍋に湯を沸かし、塩を加え（湯2ℓに塩大さじ1）、スパゲッティを袋の表示時間より1分短くゆで、ゆで上がる2分前にブロッコリーを加え、ゆで上がったらゆで汁をカップ½ほど取りおき、ともにざるに上げて湯をきる。

サーディンとルッコラのパスタ

サーディンはしょうゆと好相性。ルッコラは仕上げにのせて、生のままで香りを楽しみます。

● 材料（2人分）
スパゲッティ（1.6mm）……160g
オイルサーディン……8尾
エリンギ……2本
にんにく（包丁の腹でつぶす）……1かけ
塩、こしょう……各少々
しょうゆ……小さじ1
オリーブ油……大さじ2
ルッコラ（ざく切り）……適量

【オイルサーディン】
小さないわしの頭と内臓を除き、塩漬けにしてからオイル煮にしたもの。アンチョビより塩けがきつくないので、そのまま食べてもおいしい。

● 作り方
1 エリンギは長さを半分に切って、縦4つに切る。
2 フライパンにオリーブ油大さじ1を熱し、弱火でにんにくを炒め、香りが出たら中火にしてエリンギを木べらで押さえながら全体を色よく焼く。オイルサーディンを加え、さっと炒めて塩、こしょうをする。
3 スパゲッティをゆで、2にゆで汁大さじ3～4とともに加えて炒め合わせ、しょうゆを回し入れ、オリーブ油大さじ1を加え、さっと炒める。器に盛り、ルッコラをのせる。

ミニトマトのパスタ

ミニトマトはつぶれるくらいに炒めると、甘みが出てソースのようになります。

● 材料（2人分）
スパゲッティ（2mm）……160g
ミニトマト……2パック（約20個）
にんにく（粗みじん切り）……1かけ
A ┃ 塩……小さじ1/3
　┃ こしょう……適量
　┃ バルサミコ酢……小さじ1
オリーブ油……大さじ2

● 作り方
1 フライパンにオリーブ油大さじ1を熱し、弱火でにんにくを炒め、香りが出たらへたを除いたミニトマトを加え、5～6分じっくり炒める。
2 スパゲッティをゆで、1に加え、中火にして炒め合わせ、Aとゆで汁大さじ3～4、オリーブ油大さじ1を加えて一混ぜする。

> パスタ
> 鍋に湯を沸かし、塩を加え（湯2ℓに塩大さじ1）、スパゲッティを袋の表示時間より1分短くゆで、ゆで汁をカップ1/2ほど取りおき、ざるに上げて湯をきる。

岩のりと山椒のパスタ

たっぷりの岩のりを、ゆでたパスタに混ぜるだけ。
粉山椒の量はお好みでどうぞ。

● **材料** (2人分)
スパゲッティ(1.6mm)……160g

A
- 岩のり……1つかみ
- 粉山椒(こなざんしょう)……小さじ½〜1
- 塩……少々
- しょうゆ……小さじ1
- オリーブ油……大さじ2

● **作り方**
1 スパゲッティをゆでる。
2 ボウルに**1**を入れ、**A**を順に加え、ゆで汁大さじ3〜4を加えてさっと混ぜる。

> **パスタ**
> 鍋に湯を沸かし、塩を加え(湯2ℓに塩大さじ1)、スパゲッティを袋の表示時間より1分短くゆで、ゆで汁をカップ½ほど取りおき、ざるに上げて湯をきる。

【岩のり】
岩場に自生している天然の海藻を乾燥させたもので、主にマルバアマノリが岩のりと呼ばれています。

たらことセロリのパスタ

定番のたらこパスタですが、セロリを混ぜると香りと歯ごたえがアップします。

● 材料（2人分）
スパゲッティ（1.6mm）……160g
たらこ……1腹（2本）
バター（室温にもどす）……大さじ3
セロリ……½本
レモン汁……小さじ2

● 作り方
1 たらこは、包丁で切り込みを入れてスプーンでかき出す。大きめのボウルに入れ、バターを加えて練り混ぜる。
2 セロリは筋を除いて茎は薄切りにし、葉はざく切りにする。
3 スパゲッティをゆで、1に加える。セロリの茎、レモン汁を加えてさっと混ぜ、器に盛り、セロリの葉を散らす。

野沢菜とじゃこのパスタ

じゃこと漬物もおいしい組み合わせ。漬物は高菜漬けでもよく、塩けがパスタのいい味つけに。

● 材料（2人分）
スパゲッティ（1.6mm）……160g
野沢菜漬け……50g
A ｜ しょうゆ、みりん……各小さじ1
　 ｜ ちりめんじゃこ……大さじ4
ごま油……大さじ1
ラー油……適宜

● 作り方
1 野沢菜漬けはざく切りにする。
2 フライパンにごま油を熱し、1を入れて1分ほど炒め、Aを加えて2分ほど炒める。
3 スパゲッティをゆで、2に加えてよく混ぜ、ゆで汁大さじ3～4を加えて炒める。好みで、ラー油をかける。

※ゆで方はP.40参照

column 3

麺のトッピング ①

麺にちょいのせして、アクセントをつけるものを紹介します。
ここではカリカリと香ばしいものを集めました。

フライドオニオン

香ばしさと甘みがあり、和風や中華、エスニックの汁麺をはじめ、焼きそばにも合います。

● 材料（作りやすい分量）と作り方
1 玉ねぎ1個は縦4等分に切り、繊維を断ち切るように薄切りにする。
2 揚げ油を150℃に熱し、1を入れて2分ほど揚げ、軽く色づいてきたら早めに上げて（余熱で色がつくので）、油をきる。

保存：常温で1〜2週間

カリカリベーコン

長いまま作り、好みの大きさに切って使います。
炒め麺やシンプルなパスタに、コクを加えて。

● 材料（作りやすい分量）と作り方
1 耐熱容器に厚手のキッチンペーパーを敷き、ベーコン4枚を中央をあけて重ならないように並べ、ラップをしないで電子レンジに40〜50秒かける。
2 取り出してベーコンを返し、さらに40〜50秒電子レンジにかける。

MEMO
脂が多いベーコンの場合は、電子レンジに1分ずつ3回かける。

保存：冷蔵庫で3〜4日

香味パン粉

ハーブとレモンの香りがさわやか。パスタに散らしたり、焼きそばや汁麺にも。

● 材料（作りやすい分量）と作り方
フライパンにオリーブ油大さじ1を熱し、パン粉40g、にんにくのすりおろし½かけ分、レモンの皮のすりおろし½個分、ミックスハーブ（ドライ）小さじ1、塩少々を入れて中火で1分ほど炒め、さらに弱火で4分ほど炒める。

保存：冷蔵庫で1週間

にんにくチップ

味にパンチをきかせたいときは1枚でも効果的！
汁麺におすすめ。炒めた油は炒め物に使って。

● 材料（作りやすい分量）と作り方
1 にんにく3かけは薄切りにし、芽を除く。
2 1とオリーブ油またはサラダ油大さじ1をフライパンに入れ、フライパンを傾けながら弱火で3分ほどゆっくりと揚げる。薄茶色に色づいてきたら、キッチンペーパーの上に取り出して冷ます。

保存：冷蔵庫で10日

3章

意外なおいしさ変わり麺

麺はいろいろな味と合わせやすいから
新しいバリエーションを試してみたくなります。
お気に入りのさば缶でつけ汁を作ったり、
カリカリに焼いた麺にレタスのあんをかけたり、
意外なおいしさの組み合わせ、試してみませんか？

> 具は大きな春菊だけ

春菊のかき揚げうどん

「大きなかき揚げうどんが食べたい!」と思って作りました。
菜箸でところどころに穴を開けると、カラリと揚がります。

● 材料 (2人分)
うどん (冷凍) …… 2玉
春菊 …… 1束
A
- 小麦粉 …… カップ1/2
- 片栗粉 …… 大さじ2
- 水 …… カップ1/2
- 塩 …… 1つまみ

めんつゆ (p.20参照)
　…… カップ1
揚げ油 …… 適量

● 作り方
1 春菊は葉を摘み、茎は斜めに刻む。ボウルに入れ、小麦粉 (分量外) を薄くまぶす。
2 Aをよく混ぜ、1を加えてさっくりと混ぜる。半量を木べらなどですくって170℃の揚げ油に入れ、2分ほど揚げたら一度返してさらに2分揚げる。残りも同様に揚げる。
3 うどんをゆで、器に盛り、2をのせ、めんつゆをかける。好みで、ゆずかレモンを絞ってかける。

> うどん
> 鍋に湯を沸かし、うどんを袋の表示通りにゆで、ざるに上げて湯をきる。

> ごまをたっぷりと！

きんぴらごぼううどん

甘辛いごぼうの風味が、うどんと相性ばっちり。天ぷらでも合いますが、私は手軽にきんぴらで。
きんぴらだけでなく、つゆにもごまを混ぜて香りをきかせましょう。

● **材料**（2人分）
うどん（冷凍）…… 2玉
ごぼう …… 小1本
みょうが …… 2個
三つ葉 …… 4本
A｜しょうゆ …… 小さじ1
　｜みりん、酒 …… 各大さじ½
　｜砂糖 …… 小さじ½
すり黒ごま …… 大さじ2
B｜めんつゆ（p.20参照）
　｜　 …… カップ1
　｜すり黒ごま …… 大さじ2
　｜七味唐辛子 …… 適量
ごま油 …… 小さじ2

● **作り方**

1. ごぼうはささがきにし、水に5分ほどさらし、水けをきる。みょうがは縦半分に切って薄切りにし、水に5分さらし、水けをきる。三つ葉は5cm長さに切る。
2. フライパンにごま油を熱し、ごぼうを中火で2分ほど炒め、しんなりしたらAを加えて火を少し弱め、煮汁を煮からめる。すりごまを加え、さっくりと混ぜる。
3. うどんをゆで、器に盛り、**2**をのせる。混ぜた**B**をかけ、みょうがと三つ葉をのせる。好みで、温泉卵をのせてもおいしい。

> **うどん**
> 鍋に湯を沸かし、うどんを袋の表示通りにゆで、ざるに上げて流水で洗い、水けをきる。

> 相棒はセロリで

豚ばら肉みそのじゃじゃ麺風

盛岡名物じゃじゃ麺をアレンジ。ひき肉ではなく、薄切り肉を細切りにして
肉感をアップしました。セロリを合わせて、香りと歯ごたえをプラス。

● **材料**（2人分）
うどん（冷凍）……2玉
豚ばら薄切り肉……200g
セロリ……½本
にんにく、しょうが（粗みじん切り）
　　……各1かけ
A｜みそ、みりん……各小さじ4
ごま油……適量

● **作り方**

1. 豚肉は細切りにする。セロリは筋を除いて薄切りにし、葉はざく切りにする。
2. フライパンにごま油大さじ1、にんにく、しょうがを入れて弱火で炒め、香りが出たら豚肉を加え、中火で5分ほどしっかり炒める。キッチンペーパーで余分な脂をふき、よく混ぜたAを加えて炒め合わせる。
3. うどんをゆで、器に入れてごま油小さじ1ずつを混ぜる。2、セロリをのせ、よく混ぜる。好みで、ラー油をかける。

> うどん
> 鍋に湯を沸かし、うどんを袋の表示通りにゆで、ざるに上げて湯をきる。

> 人気のツナマヨ味

アボカドとツナマヨのそうめん

ツナマヨにアボカドを混ぜ、冷たいそうめんにのせていただきます。
濃厚な味わいなので、シャキシャキのスライス玉ねぎが欠かせません。

● **材料**（2人分）

そうめん……3束（150g）
アボカド……½個
セロリ……¼本
ツナ缶（油漬け）……小1缶（55g）
赤玉ねぎまたは玉ねぎ……¼個

A
- マヨネーズ……大さじ2
- しょうゆ……小さじ1
- 塩……少々
- こしょう……適量
- 練りがらし……小さじ1
- すり白ごま……小さじ2

● **作り方**

1 アボカドは種と皮を除き、2cm角に切る。セロリは粗みじん切りにする。赤玉ねぎは薄切りにし、水に5分ほどさらし、水けをきる。
2 **A**と缶汁をきったツナをよく混ぜ、アボカドとセロリを加えてあえる。
3 そうめんをゆで、器に盛り、**2**と赤玉ねぎをのせ、混ぜて食べる。

> そうめん
> 鍋に湯を沸かし、そうめんを入れて再び沸騰してきたら差し水をして、さらに沸騰するまでゆでる。ざるに上げ、流水でもみ洗いし、氷水で洗って水けをきる。

> 豆乳とそばが合います

豆乳きのこそば

きのこの汁そばですが、汁に豆乳を混ぜるとコクが出てクリーミーな仕上がりに。
豆乳を使った麺、最近のお気に入りです。

● 材料（2人分）
そば（乾燥）…… 200g
鶏胸肉 …… 1/2枚（100g）
しいたけ …… 3個
しめじ …… 1/2パック
アスパラ …… 2本
A ┃ だし汁 …… カップ 2 1/2
　┃ 酒、みりん …… 各大さじ2
　┃ しょうゆ …… 大さじ3
　┃ 塩 …… 小さじ 1/2
調整豆乳 …… カップ 1 1/2
おろしわさび …… 小さじ1
万能ねぎ（小口切り）…… 適量

● 作り方
1　鶏肉は斜めそぎ切りにする。しいたけは軸を切り落とし、薄切りにする。しめじは根元を除き、小房に分ける。アスパラは根元を少し切り、下1/3の皮をむき、斜め薄切りにする。
2　鍋にAを煮立て、きのこ類、鶏肉を加えて弱めの中火で3〜4分煮る。豆乳、アスパラを順に加え、弱めの中火で静かに煮て、わさびを溶き入れる。
3　そばをゆで、器に盛り、2を注いで万能ねぎを散らす。

> そば
> 鍋に湯を沸かし、そばを袋の表示通りにゆで、ざるに上げて氷水で洗う。熱湯に入れて温め、湯をきる。

> 手軽に缶詰を利用して

さば缶の冷や汁そうめん

干物を焼いて作ることが多い冷や汁を、手軽にさばの水煮缶で作ってみました。
みそが、具材をうまくまとめてくれます。しょうがはたっぷりと。

●材料（2人分）
そうめん …… 4束（200g）
さば水煮缶 …… 1缶（135g）
木綿豆腐 …… ½丁（150g）
きゅうり …… 1本
A ┃ だし汁 …… カップ2½
　 ┃ みそ …… 大さじ3
　 ┃ しょうゆ …… 大さじ1
いり白ごま …… 小さじ2
しょうが（すりおろす）…… 1かけ

●作り方

1 さばは缶汁をきってほぐす。豆腐は手で軽くくずす。きゅうりは皮を縞状にむき、小口切りにして塩少々（分量外）をふって3分ほどおき、水けを絞る。

2 ボウルにAを入れてよく混ぜ、みそが溶けたら1を加え、冷蔵庫で冷やす。

3 そうめんをゆで、器に盛る。2を器に盛っていりごまを散らし、しょうがをのせる。そうめんをつけて食べる。

> そうめん
> 鍋に湯を沸かし、そうめんを入れて再び沸騰してきたら差し水をして、さらに沸騰するまでゆでる。ざるに上げ、流水でもみ洗いし、氷水で洗って水けをきる。

> ミントがアジアの香り

トムヤム麺

タイのトムヤムクン風スープに、そうめんを合わせました。ビーフンでもできます。
最後に加えるグラニュー糖が、トマトの酸味をマイルドにしてくれます。

●**材料**（2人分）
そうめん …… 3束（150g）
えび（無頭／殻つき）…… 6尾
トマト …… 2個
バジル …… 2〜3枚
A ┌ 水 …… カップ3
　│ 酒 …… 大さじ3
　│ ナンプラー …… 大さじ1
　│ 粗びき黒こしょう …… 適量
　│ 塩 …… 小さじ1/3
　│ にんにく（包丁の腹でつぶす）
　│ 　…… 1かけ
　│ しょうが（皮つき薄切り）…… 2枚
　└ 赤唐辛子（半分に折って種を除く）
　　 …… 2本
グラニュー糖 …… 小さじ1
塩 …… 少々
こしょう …… 適量
ミント …… 適量

●**作り方**

1. えびは背わたを除き、塩と片栗粉各少々（分量外）でもんで洗う。トマトはざく切りにする。
2. 鍋にAを入れて火にかけ、煮立ったらえびを加える。えびに火が通ったら、トマト、バジルを加え、トマトの皮がはじけるまで1〜2分煮て、グラニュー糖を加える（写真）。
3. そうめんをゆで、2に加え、さっと煮る。塩、こしょうで味を調え、器に盛り、ミントを添える。

> そうめん
> 鍋に湯を沸かし、そうめんを入れて再び沸騰してきたら差し水をして、さらに沸騰するまでゆでる。ざるに上げ、流水でもみ洗いし、氷水で洗って水けをきる。

> 大好きな香菜は根も生かして

牛肉と香菜のフォー

ベトナムのフォーは米の麺ですが、今回は同じく米から作るビーフンで仕上げました。
香菜の根、レモンの皮で本格的な味わいに。もやしを加えても合います。

● **材料**（2人分）
ビーフン(乾燥) …… 100g
牛もも薄切り肉（しゃぶしゃぶ用）
　…… 100g
香菜（シャンツァイ）（根つき）…… 3株
レモンの皮（ワックス不使用のもの）
　…… 一口大2枚

A｜
　水 …… カップ4
　鶏がらスープの素 …… 小さじ1
　酒、ナンプラー …… 各大さじ1
　塩 …… 小さじ1/3
　こしょう …… 適量
　しょうが（皮つき薄切り）…… 2枚
　赤唐辛子（半分に折って種を除く）
　　…… 1本
　にんにく（包丁の腹でつぶす）
　　…… 1かけ

レモン汁 …… 大さじ2

● **作り方**
1　香菜は根を切って葉はみじん切りにする。根はたたいて香りを出す。ビーフンをもどす。
2　鍋にA、香菜の根、レモンの皮を入れて中火で煮立てる。火力を少し弱め、牛肉を加えてさっとゆで、牛肉をキッチンペーパーの上にとる。
3　2の鍋のアクを除き、ビーフンと香菜の葉を加え、さっと煮る。器に盛り、牛肉をのせ、レモン汁をかける。

【香菜】
ここでは根も使うので、根つきを買い求めて。根はたたいてスープにすると、香りが立ちます。葉はみじん切りに。

> ビーフン
> 大きめのボウルにビーフンを入れ、熱湯を回しかけ、3分ほどおいてもどし、湯をきる。

> かた焼きそばを簡単に

レタスのあんかけ焼きそば

麺をレンジで温め、さらにフライパンで焼きつけます。押しつけながら焼くとカリッと仕上がります。あんはレタスを加えると水分が出てゆるむので、強めにとろみをつけて。

●材料（2人分）
中華蒸し麺 …… 2玉
豚こま切れ肉 …… 100g
レタス …… 3枚
しょうが（細切り）…… 2かけ
A ┃ 水 …… カップ2
　┃ 鶏がらスープの素 …… 小さじ½
　┃ 塩 …… 小さじ⅓
　┃ 酒 …… 大さじ1
　┃ しょうゆ …… 小さじ2
　┃ こしょう …… 適量
片栗粉 …… 大さじ2
ごま油 …… 適量
サラダ油 …… 小さじ2

●作り方
1 豚肉は1cm幅に切り、塩、こしょう各少々（分量外）をふる。レタスはざく切りにする。中華麺を温める。
2 フライパンにごま油大さじ1を熱し、中華麺を広げて入れ、へらなどで押しつけて両面を3分ずつ焼きつける（写真）。途中でごま油が足りなくなったら適宜足し、両面がこんがり焼けたら器に盛る。
3 2のフライパンにサラダ油を熱し、豚肉をさっと炒め、しょうがを加えて1分ほど炒め、Aを加えて煮立たせる。アクを除き、弱めの中火で2分煮て、倍量の水で溶いた片栗粉で強めにとろみをつける。レタスを加えて、さっと煮る。ごま油小さじ2を加えて一混ぜし、2にかける。

中華麺
耐熱皿に中華麺を入れ、ふんわりとラップをかけて電子レンジに1分かける。

> 焼きそばをエスニックに

パッタイ風塩焼きそば

パッタイはタイの焼きそばです。本来は米の麺を使いますが、焼きそば用の蒸し麺で手軽に。ナンプラー＋オイスターソースが味の決め手です。

●材料（2人分）
中華蒸し麺 …… 2玉
鶏胸肉 …… 大1/2枚（150g）
にら …… 1/2束
赤玉ねぎまたは玉ねぎ …… 1/4個
にんにく（包丁の腹でつぶす）
　…… 1/2かけ
赤唐辛子（半分に折って種を除く）
　…… 1本
A｜レモン汁、オイスターソース、
　｜ナンプラー …… 各小さじ2
こしょう …… 適量
レモンの半月切り …… 2枚
サラダ油 …… 大さじ1

●作り方
1 鶏肉は1.5cm角に切り、塩、こしょう各少々（分量外）をふる。にらは2cm長さに切る。赤玉ねぎは縦に1cm幅に切る。Aは混ぜる。
2 中華麺を温める。
3 フライパンにサラダ油を弱火で熱し、にんにくと赤唐辛子を炒め、香りが出たら中火にして鶏肉を加えて1〜2分炒める。麺を加えてさっと炒め、にら、赤玉ねぎ、Aを順に加えて炒め合わせる。器に盛り、こしょうをふり、レモンを添える。

> 中華麺
> 耐熱皿に中華麺を入れ、ふんわりとラップをかけて電子レンジに1分かける。

> 元気が出るおいしさ

カレー風味ナポリタン

ケチャップ味のナポリタンのように見えて、実はスパイシーな香りのカレー味のスパゲッティです。ウスターソースを最後に加えると、より深い味に。

● **材料**（2人分）
スパゲッティ（2mm）…… 160g
豚こま切れ肉 …… 100g
にんじん …… 2cm
ピーマン …… 2個
玉ねぎ …… 1/2個
にんにく（みじん切り）…… 1/2かけ
カレー粉 …… 適量
トマトケチャップ …… 大さじ2 1/2 〜 3
塩 …… 少々
こしょう …… 適量
ウスターソース …… 小さじ2
バター …… 大さじ2

● **作り方**
1 にんじんは薄いいちょう切りにする。ピーマンは縦半分に切り種とへたを除き、横に1cm幅に切る。玉ねぎは1cm幅のくし形に切ってほぐす。
2 フライパンにバターを熱し、にんにくを香りが出るまで炒め、豚肉を加えて1分ほど炒め、にんじん、ピーマン、玉ねぎを加え、中火で2分ほど炒める。玉ねぎがしんなりしたら具を寄せ、あいたところにカレー粉小さじ2を入れる。少し焦がすように炒め（**a**）、香りが出たら全体にからめる。トマトケチャップを加えて炒め合わせ、いったん火を止める。
3 スパゲッティをゆで、ざるに上げたらラップをかけ、3分ほど蒸らす。
4 **2**を再び火にかけて**3**を加え（**b**）、さっと混ぜて塩、こしょう、ウスターソース、ゆで汁大さじ2〜3で味を調える（**c**）。器に盛り、カレー粉適量をふる。

> パスタ
> 鍋に湯を沸かし、塩を加え（湯2ℓに塩大さじ1）、スパゲッティを袋の表示時間通りにゆで、ゆで汁をカップ1/2ほど取りおき、ざるに上げて湯をきる。

a

b

c

> 塩焼きいわしでパスタ

いわしのアーリオ・オーリオ

こんがりと焼いた魚のパスタもおいしいですよ。シンプルに塩味で、にんにくをきかせます。秋になったら、ぜひさんまでも試してみて。

● 材料（2人分）
スパゲッティ（1.4mm）…… 160g
いわし（三枚おろし）…… 2尾
A ┃ にんにく（粗みじん切り）…… 1かけ
　 ┃ 赤唐辛子（半分に折って種を除く）…… 1本
　 ┃ ローズマリー …… 2本
塩 …… 1つまみ
こしょう …… 適量
オリーブ油 …… 大さじ2

● 作り方
1　いわしは腹骨を斜めに切り落とし、塩小さじ¼（分量外）をふり15分ほどおく。水けをふき、こしょう少々（分量外）をふる。
2　スパゲッティをゆでる。
3　フライパンにオリーブ油大さじ1を熱し、弱火でAを炒め、香りが出たらいわしを皮目から入れて中火でこんがりするまで2分ほど焼き、返してさらに2分焼き、粗くつぶす。
4　3に2とゆで汁大さじ3〜4、オリーブ油大さじ1を加えて炒め、塩、こしょうをふって味を調え、さっと混ぜて器に盛る。

> パスタ
> 鍋に湯を沸かし、塩を加え（湯2ℓに塩大さじ1）、スパゲッティを袋の表示時間より1分短くゆで、ゆで汁をカップ½ほど取りおき、ざるに上げて湯をきる。

> みそとクリームが絶妙！

かきと長ねぎのみそクリームパスタ

かきのうまみがギュッと凝縮した、濃厚なパスタ。生クリームにブルーチーズも合わせ、
クリーミーな口当たりです。長ねぎは大きめに切って存在感を残します。

●**材料**（2人分）
リングイネ …… 160g
かき …… 10個
長ねぎ …… ½本
塩、こしょう …… 各少々
片栗粉 …… 小さじ2
小麦粉 …… 適量
生クリーム …… カップ¾
みそ …… 小さじ2
ブルーチーズ …… 40g
バター …… 大さじ2

> **パスタ**
> 鍋に湯を沸かし、塩を加え（湯2ℓに塩大さじ1）、リングイネを袋の表示時間より1分短くゆで、ゆで汁をカップ½ほど取りおき、ざるに上げて湯をきる。

●**作り方**
1 かきは塩適量（分量外）と片栗粉をふって静かにもんでから、水洗いして水けをふく。軽く塩、こしょうをふり、薄く小麦粉をまぶす。長ねぎは縦4等分に切り、さらに5cm長さに切る。
2 リングイネをゆでる。
3 フライパンにバター大さじ1を熱し、かきを入れて両面を1分ずつ焼き、長ねぎを加えて2分ほど炒める。生クリームを加え、一度ふつふつと沸かし、火を弱めてみそを加えて溶かす。
4 3に2を加えてさっと混ぜ、ゆで汁大さじ2～3を加えて味を調える。バター大さじ1、ブルーチーズを加え、さっと混ぜる。

> ディルの香りが個性的

いかとディルのさっぱりパスタ

このパスタには、肉厚のもんごういかを使ってください。
あまり火を通しすぎないほうがおいしく仕上がります。ディルは切りながら加えると、飛び散らず効率的。

● **材料**（2人分）
スパゲッティ（1.4mm）…… 160g
もんごういか …… 120g
にんにく（粗みじん切り）…… 1かけ
A ┃ 酒 …… 大さじ2
　 ┃ ナンプラー …… 小さじ1
塩、こしょう …… 各少々
レモン汁 …… 大さじ2
レモンの半月切り …… 2～3枚
ディル …… 4本
オリーブ油 …… 大さじ2

● **作り方**
1 いかは裏側に格子状に切り込みを入れ、3～4cm長さ、1cm幅の棒状に切る。
2 スパゲッティをゆでる。
3 フライパンにオリーブ油大さじ1を熱し、にんにくを弱火で炒め、香りが出たらいかを加えてさっと炒める。A、2、ゆで汁大さじ3～4を順に加えて一混ぜし、塩、こしょうで味を調える。オリーブ油大さじ1、レモン汁とレモンを順に加え、さっと混ぜ合わせ、器に盛る。ディルをキッチンばさみで切りながら散らす。

> **パスタ**
> 鍋に湯を沸かし、塩を加え（湯2ℓに塩大さじ1）、スパゲッティを袋の表示時間より1分短くゆで、ゆで汁をカップ1/2ほど取りおき、ざるに上げて湯をきる。

> 香りを味わって

香菜のレモンナンプラーパスタ

大好きな香菜と青じそを、生のままたっぷりとのせたパスタ。サラダ感覚で食べられます。半熟の目玉焼きをのせて黄身をくずし、からめながらどうぞ。

● 材料（2人分）
スパゲッティ（1.4mm）……160g
香菜（シャンツァイ）……1束
青じそ……10枚
A ┃ オリーブ油、ナンプラー……各大さじ1
  ┃ レモン汁……大さじ½
  ┃ 塩……少々
  ┃ 粗びき黒こしょう……適量
卵……2個
サラダ油……小さじ2

● 作り方
1 香菜は葉を摘んでざく切りにし、青じそはちぎり、合わせて冷水にさらし、パリッとしたら水けをきる。
2 スパゲッティをゆで、ボウルに入れてAを加えてあえる。
3 小さめのフライパンにサラダ油を熱し、卵を割り入れて焼き、目玉焼きを作る。
4 器に2を盛り、3と1をのせる。

> パスタ
> 鍋に湯を沸かし、塩を加え（湯2ℓに塩大さじ1）、スパゲッティを袋の表示時間より1分短くゆで、ざるに上げて湯をきる。

> サワークリームでさっぱりと

牛肉とマッシュルームのクリームパスタ

クリーミーですが、サワークリームの酸味がきいて軽やかな味わいに。
ソースがたっぷりからむように、らせん状のショートパスタを合わせました。

● 材料（2人分）
フジッリ …… 160g
牛切り落とし肉 …… 150g
マッシュルーム …… 4個
玉ねぎ …… ½個
塩、こしょう …… 各少々
生クリーム …… カップ ¾
サワークリーム …… カップ ½
A ┃ しょうゆ …… 小さじ1
 ┃ にんにく（すりおろす）…… 少々
 ┃ 塩 …… 小さじ¼
 ┃ こしょう …… 適量
バター …… 大さじ1

● 作り方
1 牛肉は、塩、こしょう各少々（分量外）をふる。マッシュルームは石づきを切り落とし、薄切りにする。玉ねぎは薄切りにする。
2 フライパンにバターを熱し、牛肉を入れて炒め、肉の色が変わったら肉を寄せて、あいたところに玉ねぎとマッシュルームを加えて2分ほど炒める。塩、こしょうをふり、生クリームを加えて一度煮立たせ、アクを除く。火を弱め、サワークリームを加えて3分ほど煮て、Aで味を調えていったん火を止める。
3 フジッリをゆでる。
4 2を再び火にかけ、3を加えてさっと混ぜ合わせる。

> パスタ
> 鍋に湯を沸かし、塩を加え（湯2ℓに塩大さじ1）、フジッリを袋の表示時間より1分短くゆで、ざるに上げて湯をきる。

> 甘酸っぱさが新鮮

焼きパプリカとオレンジの冷製パスタ

甘酸っぱいソースをからめた冷製パスタ。パプリカは焼くと甘くなるので、オレンジとともにマリネしてソースに。野菜だけでも、バルサミコ酢で奥深い味わいになります。

● **材料**（2人分）
スパゲッティ（1mm） …… 100g
パプリカ（赤） …… 1個
オレンジ …… ½個

A
- にんにく（みじん切り） …… 1かけ
- 塩 …… 小さじ½
- こしょう …… 適量
- バルサミコ酢 …… 大さじ1½
- オリーブ油 …… 大さじ3

バジル …… 1枝

● **作り方**

1 パプリカは半分に切って種とへたを除き、魚焼きグリルで皮が真っ黒になるまで15分ほど焼く。ボウルに入れ、ラップをして冷まし、冷めたら皮をむいて5mm幅に切る。

2 オレンジは皮をむき、薄皮も除いて一口大にちぎる。

3 大きめのボウルに1、2を入れ、Aを加えて混ぜ（写真）、冷蔵庫で冷やす。

4 スパゲッティをゆで、3に加えてあえ、器に盛る。バジルを手でちぎって散らす。

> **パスタ**
> 鍋に湯を沸かし、塩を加え（湯2ℓに塩大さじ1）、スパゲッティを袋の表示時間通りにゆで、ざるに上げて氷水で冷まし、水けをふく。

column 4

麺のトッピング ②

麺にちょいのせしたいもの第2弾。
ここでは、香味野菜、香辛料、しょうがと、香りで味を引き立てるものを紹介します。

簡単ねぎ油

長ねぎと粉山椒に、熱々のオイルをかけるだけ。
ねぎが甘くなります。焼きそばにちょいがけでスパイシーに。

● 材料（作りやすい分量）と作り方
1. 長ねぎ1本は粗みじん切りにし、耐熱の容器に入れ、粉山椒小さじ1を加える。
2. 小鍋にサラダ油または太白ごま油カップ½を入れて火にかけ、温まって表面がゆらゆらとしてきたら、すぐに1に加えて冷ます。

保存：冷蔵庫で10日

赤唐辛子のブランデー漬け

赤唐辛子とこしょうのピリッとした辛みが特徴。
肉を使った麺料理にかけると、すっきりとした味わいになります。

● 材料（作りやすい分量）と作り方
1. 保存容器に赤唐辛子3〜4本、黒粒こしょう大さじ1を入れ、ブランデー75mlを注ぐ。
2. そのまま室温におき、10日後から食べられる。

MEMO｜ブランデーを継ぎ足し、こしょうの香りがなくなるまで使えます。

しょうがの酢漬け

焼きそばに添えたり、甘酢を汁麺にかけてさっぱりさせたりします。細く切って、紅しょうがのように使っても。

● 材料（作りやすい分量）と作り方
1. しょうが2かけは薄切りにし、ざるに並べて塩小さじ½をふって10分ほどおく。熱湯でさっとゆで、水けをふく。
2. 小鍋に酢大さじ4、砂糖大さじ2、塩小さじ1を入れて一煮立ちさせ、冷ます。1を加えて漬け、2日後から食べられる。

保存：冷蔵庫で2週間

4章

まとめ作りで、いつでもおいしい本格麺

ちょっと手のかかる肉みそやソースをまとめて作りおきすれば、
時間をかけずに麺料理を楽しめます。
野菜や肉をプラスするだけで、本格的な麺料理が完成。
味がなじんだ"麺の素"が冷蔵庫にある！
そう思うと、心強いですね。

牛肉の甘辛煮

定番の甘辛味だから、うどんやそば、焼きそば、パスタ、ビーフンにも合います。実山椒の香りと辛みに、牛肉のコクが加わって軽やかな味わいに。

● 材料 (約8人分)
牛切り落とし肉 …… 600g
実山椒の佃煮 …… 大さじ1
A｜だし汁 …… カップ2
　｜みりん、酒 …… 各大さじ2
　｜砂糖 …… 大さじ3
　｜しょうゆ …… 大さじ5
サラダ油 …… 大さじ1

● 作り方
鍋にサラダ油を熱し、牛肉をさっと炒める。実山椒とAを加え、落としぶたをして、ときどきアクを除きながら、煮汁がほぼなくなるまで中火で15分ほど煮る。
保存：冷蔵庫で5日

温かいうどんにのせるだけ
肉うどん

● 材料 (2人分)
うどん (冷凍) …… 2玉
牛肉の甘辛煮 (左記参照) …… 約¼量
ごぼう …… 小1本
万能ねぎ …… 2本
A｜だし汁 …… カップ4
　｜酒 …… 大さじ1
　｜みりん …… 大さじ2
　｜しょうゆ …… 大さじ3
七味唐辛子 …… 適宜

● 作り方
1 ごぼうはささがきにして水にさっとさらし、水けをきる。万能ねぎは斜め細切りにし、水にさらして水けをきる。
2 ごぼうはAとともに鍋に入れて火にかけ、煮立ったらアクを除いて、3～4分煮る。牛肉の甘辛煮を加えてさっと煮る。
3 うどんをゆで、器に盛る。2をかけ、万能ねぎを添える。好みで、七味唐辛子をふる。

> うどん
> 鍋に湯を沸かし、うどんを袋の表示通りにゆで、ざるに上げて湯をきる。

ぴりっとした刺激と合います
おろしそば

● 材料 (2人分)
そば (乾燥) …… 200g
牛肉の甘辛煮 (左記参照) …… 約¼量
めんつゆ (p.20参照) …… カップ1
大根おろし …… カップ½
ゆずこしょう …… 適宜
すだち …… 適宜

● 作り方
そばをゆでる。器に盛り、牛肉の甘辛煮をのせ、汁けをきった大根おろしを添え、めんつゆを注ぐ。あれば、ゆずこしょうと半分に切ったすだちを添える。

> そば
> 鍋に湯を沸かし、そばを袋の表示通りにゆで、ざるに上げて氷水で洗う。熱湯に入れて温め、湯をきる。

65

ゆで鶏

鶏肉を香味野菜とゆでるだけ。火を止めてそのまま冷ますと、しっとり仕上がります。肉は具に、ゆで汁はスープとして使え、どんな麺にも合うので便利！

● 材料（約4人分）
鶏胸肉 …… 2枚（500g）
塩 …… 小さじ1
A｜ 長ねぎの青い部分（叩く）…… 1本分
　｜ しょうが（皮つき薄切り）…… 4枚
　｜ 酒 …… カップ¼
　｜ 水 …… カップ6

● 作り方
鶏肉は塩をまんべんなくまぶし、鍋にAとともに入れる。強火にかけ、フツフツとしてきたらごく弱火にし、煮立たせないようにして5分ほどゆでる。火を止め、ふたをし、そのまま冷めるまでおく。
保存：ねぎとしょうがを除き、ゆで汁ごと保存容器に入れて冷蔵庫で4日

鶏肉のやわらかさがポイント
中華あえ麺

● 材料（2人分）
中華生麺 …… 2玉
ゆで鶏（左記参照）…… 1枚
きゅうり …… ½本
味つきザーサイ …… 30g
A｜ ごま油 …… 大さじ2
　｜ しょうゆ …… 大さじ1
　｜ 塩、こしょう …… 各適量
　｜ 豆板醬（トウバンジャン）…… 小さじ1
いり白ごま …… 適量

● 作り方
1 ゆで鶏は肉を細く裂き、皮は細切りにする。きゅうりは斜めに5mm幅に切り、重ねてさらに細切りにする。ザーサイはざく切りにする。
2 中華麺をゆで、器に盛り、1をのせ、混ぜたAをかけ、いりごまをふる。

> 中華麺
> 鍋に湯を沸かし、中華麺を袋の表示通りにゆで、ざるに上げて湯をきり、流水で洗って水けをきる。

気持ちがホッとするやさしい味
卵とじそうめん

● 材料（2人分）
そうめん …… 3束（150g）
ゆで鶏（左記参照）…… 1枚
わかめ（塩蔵）…… 30g
卵 …… 3個
A｜ ゆで鶏のゆで汁（左記参照）…… カップ4
　｜ 塩 …… 小さじ½
　｜ ナンプラーまたは薄口しょうゆ …… 大さじ1
七味唐辛子 …… 適宜

● 作り方
1 ゆで鶏は肉を細く裂き、皮は細切りにする。わかめはさっと洗い、水に5分ほどつけてもどし、水けを絞ってざく切りにする。
2 そうめんをゆで、器に盛る。
3 鍋にAとゆで鶏を入れて煮立て、溶いた卵を回し入れ、卵が半熟になってふんわり煮えたら2に注ぎ、わかめを添える。好みで七味唐辛子をふる。

> そうめん
> 鍋に湯を沸かし、そうめんを入れて再び沸騰してきたら差し水をして、さらに沸騰するまでゆでる。ざるに上げ、流水でもみ洗いし、水けをきる。

ナンプラー肉そぼろ

ベースのナンプラーが肉のうまみを引き出し、独特の香りも気になりません。ナッツの香ばしさもきいて、エスニック料理はもちろん、和風や洋風にも。

● 材料（約4人分）
豚ひき肉 …… 400g
にんにく（みじん切り）…… 1かけ
赤唐辛子（小口切り）…… 1本
ミックスナッツ（ざく切り）…… 30g
A
- 塩 …… 少々
- こしょう …… 適量
- レモン汁 …… 小さじ2
- ナンプラー、酒 …… 各大さじ1
- しょうゆ …… 小さじ1/3

オリーブ油 …… 小さじ2

● 作り方
フライパンにオリーブ油を熱し、にんにく、赤唐辛子を弱火で炒め、香りが出たらひき肉を加えて2分ほど炒める。Aを順に加えて炒め合わせ、汁がほぼなくなったらミックスナッツを加え混ぜる。

保存：冷蔵庫で4日

いろいろな食感の違いが楽しい
レタスのサラダ麺

● 材料（2人分）
ビーフン（乾燥）…… 100g
ナンプラー肉そぼろ（左記参照）…… 1/2量
レタス …… 1/4個
A
- ごま油 …… 大さじ2
- 酢 …… 大さじ1
- 塩、こしょう …… 各少々

● 作り方
1 レタスは1cm幅に切る。ビーフンをもどし、キッチンばさみで食べやすい長さに切る。
2 ボウルにAを入れてよく混ぜ、ビーフンを加えてあえ、器に盛る。肉そぼろをのせ、レタスを添え、混ぜながら食べる。

> **ビーフン**
> 大きめのボウルにビーフンを入れ、熱湯を回しかけ、10分ほどおいてもどし、湯をきる。

スパゲッティなら太めのものを
グリンピースのパスタ

● 材料（2人分）
フジッリ …… 160g
ナンプラー肉そぼろ（左記参照）…… 1/2量
グリンピース（冷凍）…… 100g
玉ねぎ（薄切り）…… 1/4個
にんにく（包丁の腹でつぶす）…… 1かけ
オリーブ油 …… 大さじ2

● 作り方
1 フジッリをゆでる。
2 フライパンにオリーブ油を熱し、にんにくを弱火で炒める。香りが出たら玉ねぎを加えて中火で2分ほど炒め、しんなりしたらグリンピース、パスタのゆで汁を大さじ2ほど加えて炒め煮にし、グリンピースを粗くつぶす。
3 2に1、肉そぼろを加えてさっと炒め、パスタのゆで汁大さじ3〜4を加えて炒め合わせる。

> **パスタ**
> 鍋に湯を沸かし、塩を加え（湯2ℓに塩大さじ1）、フジッリを袋の表示時間より1分短くゆで、ゆで汁をカップ1/2ほど取りおき、ざるに上げて湯をきる。

簡単ミートソース

香味野菜を蒸し炒めして甘みを引き出せば、煮込み時間が短くてもおいしく仕上がります。パスタはもちろん、うどんや焼きそばにかけたり、あれこれ使えるので、ぜひ作ってみて。

● 材料（約4人分）
牛ひき肉または合いびき肉 …… 300g
玉ねぎ …… 1/2個
セロリ …… 1/2本
にんにく …… 1かけ
赤ワイン …… カップ1/4
A ｜ トマト水煮缶（手でつぶす）…… 1缶（400g）
　｜ 塩 …… 小さじ1/2
　｜ 赤みそまたはみそ …… 大さじ1
　｜ ローリエ …… 1枚
こしょう、ナツメグ …… 各適量
オリーブ油 …… 大さじ1

● 作り方
1 玉ねぎ、セロリ、にんにくは粗みじん切りにする。
2 厚手の鍋にオリーブ油を熱し、弱めの中火で1を炒め、油がまわったらふたをして10分ほど蒸し炒めする。野菜がしんなりしてきたら中火にし、ひき肉を加え、ほぐすように炒め合わせる。
3 肉の色がほぼ変わったら、赤ワインを加えて煮立たせる。アルコール分がとんだらAを加え、中火で10分ほど煮込む。こしょう、ナツメグをふって仕上げる。

保存：冷蔵庫で1週間

まず作りたいのはこれ！
スパゲッティミートソース

● 材料（2人分）
スパゲッティ（2mm）…… 160g
簡単ミートソース（左記参照）…… 1/2量
パルミジャーノ（すりおろす）…… 適量
パセリ（みじん切り）…… 適量
オリーブ油 …… 大さじ1

● 作り方
1 スパゲッティをゆでる。
2 フライパンにオリーブ油を熱し、1とミートソースを入れてさっと混ぜ合わせ、器に盛る。パルミジャーノ、パセリをふる。

> パスタ
> 鍋に湯を沸かし、塩を加え（湯2ℓに塩大さじ1）、スパゲッティを袋の表示時間より1分短くゆで、ざるに上げて湯をきる。

モダンな味に変身します
かま揚げうどん 温玉のせ

● 材料（2人分）
うどん（冷凍）…… 2玉
簡単ミートソース（左記参照）…… 1/2量
バター …… 小さじ2
温泉卵 …… 2個

● 作り方
うどんをゆで、器に入れてバターを加えて混ぜる。温めたミートソースをかけ、温泉卵をのせる。

> うどん
> 鍋に湯を沸かし、うどんを袋の表示通りにゆで、ざるに上げて湯をきる。

野菜たっぷりタルタルソース

マヨネーズベースのタルタルソースは、あえ麺に活躍します。さまざまな野菜を刻んで混ぜておけば、具だくさんで食べごたえも満点。麺の種類を替えれば、アレンジ自在です。

● **材料**（約4人分）
ゆで卵 …… 4個
玉ねぎ …… 1/4個
にんじん …… 1/4本
きゅうり …… 1本
キャベツ …… 4枚（240g）
A ┃ マヨネーズ …… 大さじ8
　┃ 酢 …… 小さじ2
　┃ マスタード …… 小さじ4
　┃ 塩 …… 小さじ1
　┃ こしょう …… 適量

● **作り方**
1 玉ねぎは繊維を断つように横に薄切りにし、水にさらす。にんじん、きゅうり、キャベツは粗みじん切りにする。玉ねぎの水けを絞り、ほかの野菜とともにボウルに入れ、塩少々（分量外）をふってギュッと水けを絞る。
2 ゆで卵を粗くつぶし、1、Aを加えて混ぜる。

保存：冷蔵庫で3日
メモ：ゆで卵は鍋に湯を沸かし、塩と酢各少々を加え、卵をそっと加えて10分ほどゆで、水にとって冷ます。

サーモンは生ハムやツナでも
野菜タルタルパスタ

● **材料**（2人分）
スパゲッティ（1.4mm）…… 160g
野菜たっぷりタルタルソース（左記参照）…… 1/2量
スモークサーモン …… 4枚
A ┃ オリーブ油 …… 大さじ1
　┃ 塩 …… 少々
　┃ こしょう …… 適量

● **作り方**
1 スパゲッティをゆでる。
2 ボウルに1を入れ、Aを加えて混ぜ、タルタルソースと食べやすくちぎったスモークサーモンを加えてあえ、器に盛る。

パスタ
鍋に湯を沸かし、塩を加え（湯2ℓに塩大さじ1）、スパゲッティを袋の表示時間通りにゆでる。ざるに上げて氷水で冷まし、水けをふく。

たっぷりのこしょうがアクセントに
アボカドタルタルそうめん

● **材料**（2人分）
そうめん …… 3束（150g）
アボカド …… 1個
野菜たっぷりタルタルソース（左記参照）…… 1/2量
ごま油 …… 大さじ1
粗びき黒こしょう …… 適量
マヨネーズ …… 小さじ2

● **作り方**
1 アボカドは縦に包丁で切り込みを入れ、種を除き、皮をむいて3cm角に切る。
2 そうめんをゆで、ごま油を混ぜて器に盛る。タルタルソースをかけ、1を添え、マヨネーズを細く絞り出し、粗びき黒こしょうをふる。

そうめん
鍋に湯を沸かし、そうめんを入れて再び沸騰してきたら差し水をして、さらに沸騰するまでゆでる。ざるに上げ、流水でもみ洗いし、氷水で洗って水けをきる。

バジルソース

材料をミキサーにかけてペースト状にするだけ。ビーフンや中華麺とも、意外とよく合います。2週間は日持ちしますが、香りがよいうちに使いきって。

●材料（約4人分）
バジル …… 大1袋（80g）
にんにく …… ½かけ
松の実 …… 50g
パルミジャーノ（すりおろす）…… 30g
アンチョビ …… 2枚
塩 …… 小さじ½
こしょう …… 適量
レモン汁 …… 小さじ1
オリーブ油 …… 80㎖

●作り方
1 バジルは葉を摘む。にんにくは芽を除いてざく切りにする。松の実は160℃のオーブンで10分ほどローストする（またはフライパンでいっても）。
2 すべての材料をフードプロセッサーなどに入れ、なめらかになるまでかける。

保存：冷蔵庫で2週間

シンプルだから食べあきない
ペンネバジルソース

●材料（2人分）
ペンネ …… 160g
バジルソース（左記参照）…… 大さじ4〜5
バジル …… 適量

●作り方
ペンネはゆで、ボウルに入れる。バジルソースを加えてあえ、器に盛り、ちぎったバジルの葉を散らす。好みで、パルミジャーノやこしょうをかける。

> **パスタ**
> 鍋に湯を沸かし、塩を加え（湯2ℓに塩大さじ1）、ペンネを袋の表示時間通りにゆで、ざるに上げて湯をきる。

野菜はパスタといっしょにゆでて
じゃが芋といんげんのパスタ

●材料（2人分）
フェットチーネ …… 160g
じゃが芋 …… 1個
さやいんげん …… 12本
バジルソース（左記参照）…… 大さじ5
オリーブ油 …… 大さじ1

●作り方
1 じゃが芋は皮をむいて一口大に切り、水にさっとさらす。さやいんげんは長さを3等分に切る。
2 フェットチーネをゆで、じゃが芋、さやいんげんもいっしょにゆでる。
3 フライパンにオリーブ油を熱し、2を入れてさっと炒め合わせ、火を止める。パスタのゆで汁大さじ3〜4、バジルソースを加えて混ぜ合わせる。

> **パスタ**
> 鍋に湯を沸かし、塩を加え（湯2ℓに塩大さじ1）、フェットチーネとじゃが芋を入れてゆで、10分ゆでたらさやいんげんを加え、パスタの袋の表示時間より1分短くゆでる。ゆで汁をカップ½ほど取りおき、ざるに上げて湯をきる。

75

きのこのゆずこしょう炒め

いろいろな麺と相性がいいきのこ。汁麺の具にしたり、麺と炒め合わせたりと、かなり重宝します。きのこは数種類使うほうが、うまみが増します。

● 材料 (約6人分)
しめじ …… 大1パック (200g)
えのきだけ …… 大1パック (200g)
エリンギ …… 1パック (2本)
A ┃ 塩 …… 少々
　┃ しょうゆ …… 小さじ1
　┃ ゆずこしょう …… 小さじ1/2
　┃ レモン汁 …… 小さじ2
オリーブ油 …… 大さじ1

● 作り方
1　しめじ、えのきだけは根元を切り落とし、えのきだけは長さを半分に切る。エリンギは縦横に半分に切り、さらに縦に薄切りにする。
2　フライパンにオリーブ油を熱し、1を焼きつけるように2分ほど炒める。返しながら、しんなりするまでさらに2分ほど炒める。混ぜたAを加え、さっと炒め合わせる。

保存：冷蔵庫で5日

きのこのうまみがたっぷり！
きのこつけ麺

● 材料 (2人分)
そば (乾燥) …… 200g
きのこのゆずこしょう炒め (左記参照) …… 1/3量
めんつゆ (p.20参照) …… カップ2

● 作り方
1　鍋にめんつゆを入れて温め、きのこのゆずこしょう炒めを加えて一煮し、器に盛る。
2　そばをゆで、器に盛り、1をつけて食べる。

[そば
鍋に湯を沸かし、そばを袋の表示通りにゆで、ざるに上げて氷水で洗い、水けをきる。]

しょうゆで香ばしさをプラス
きのこ焼きそば

● 材料 (2人分)
中華蒸し麺 …… 2玉
きのこのゆずこしょう炒め (左記参照) …… 1/3量
塩、こしょう …… 各少々
しょうゆ …… 小さじ1
オリーブ油 …… 小さじ1～2
レモンの輪切り …… 4枚

● 作り方
1　中華麺は温める。
2　フライパンにオリーブ油を熱し、1をフライパンいっぱいに広げ、塩、こしょうをふり、2～3分焼きつける。返して、3分ほど焼く。しょうゆを回し入れて少し焦がし、きのこのゆずこしょう炒めを加えて、さっと炒め合わせる。器に盛り、レモンを添える。

[中華麺
耐熱皿に中華麺を入れ、ふんわりとラップをかけて電子レンジに1分～1分半かける。]

トマトソース

ゆでたパスタにからめるだけでもいいし、炒めたシーフードで"ペスカトーレ"など、王道のトマト味のパスタが手軽に作れます。焼きそばに使っても◎。

● 材料（約4人分）
トマト水煮缶 …… 2缶（800g）
セロリ …… ½本
玉ねぎ …… ½個
A ｜ 塩 …… 小さじ⅓
｜ こしょう …… 適量
｜ オリーブ油 …… 大さじ1
オリーブ油 …… 大さじ2

● 作り方
1 トマト缶はボウルにあけて手でつぶし、できればこして種を除く。セロリ、玉ねぎは薄切りにする。
2 厚手の鍋にオリーブ油を熱し、セロリと玉ねぎを炒め、油がまわったらふたをして10分ほど蒸し炒めする。野菜がしんなりしたら1のトマトを加え、弱火で20分ほど煮込む。Aを順に加えて仕上げる。

保存：冷蔵庫で5週間

トマトの味を最高に楽しめる
ペンネアラビアータ

● 材料（2人分）
ペンネ …… 160g
赤唐辛子（半分に折って種を除く）…… 2本
にんにく（包丁の腹でつぶす）…… 2～3かけ
トマトソース（左記参照）…… ½量
塩、こしょう …… 各少々
オリーブ油 …… 大さじ2

● 作り方
1 ペンネをゆでる。
2 フライパンにオリーブ油大さじ1を熱し、にんにく、赤唐辛子を弱火で炒める。香りが出たら中火にし、トマトソースを加えて3～4分煮る。
3 2に1を加え、ソースをよくからませ、塩、こしょうで味を調える。オリーブ油大さじ1を加え、さっと混ぜる。

> **パスタ**
> 鍋に湯を沸かし、塩を加え（湯2ℓに塩大さじ1）、ペンネを袋の表示時間より1分短くゆで、ざるに上げて湯をきる。

とろとろのなすとトマトが絶妙
なすのトマトスパゲッティ

● 材料（2人分）
スパゲッティ（2mm）…… 160g
なす …… 3本
トマトソース（左記参照）…… ½量
バジル …… 3～4枚
オリーブ油 …… 大さじ4～5

● 作り方
1 スパゲッティをゆでる。
2 なすは1.5cm幅の輪切りにし、水にさっとさらし、水けをふく。
3 フライパンにオリーブ油大さじ3～4を熱し、なすを入れて3分ほど揚げ焼きにし、いったん取り出す。フライパンにオリーブ油大さじ1を足して熱し、トマトソースを加えてなじませ、1となす、バジルを加える。ゆで汁大さじ3～4を加えてよく混ぜ合わせる。

> **パスタ**
> 鍋に湯を沸かし、塩を加え（湯2ℓに塩大さじ1）、スパゲッティを袋の表示時間より1分短くゆで、ゆで汁をカップ½ほど取りおき、ざるに上げて湯をきる。

堤 人美（つつみ ひとみ）

京都府出身。出版社を退社後、友人の食堂を手伝った際に「おいしい」と言われる喜びを知り、"料理を仕事にしよう"と目指すことに。その後、料理家のアシスタントを経て独立。書籍や雑誌でレシピを紹介するほか、企業のレシピ開発や、CMの料理制作なども手がける。身近な食材を使いながら、素材の切り方や盛りつけなどを工夫したセンスのよいレシピは、幅広い世代に人気がある。
子どものころ好きだったのは"ナポリタン"。今は京都に帰ると、義母と"うどん、食べに行こか"と言って出かけるのが楽しみに。生まれ育った京都のやわらかいうどんはすっと体に入り、帰ってきたなと実感するそう。
著書に『ほっとくだけで味が決まる 漬けたら、すぐおいしい！』（講談社）など多数。

Staff

アートディレクション	釜内由紀江（GRiD）
デザイン	清水 桂（GRiD）
撮影	鈴木泰介
スタイリング	しのざきたかこ
構成・編集	相沢ひろみ

料理制作アシスタント　植田有香子　小谷原文子
器協力　UTUWA　☎03-6447-0070

講談社のお料理BOOK
ラクチンおいしい！
こだわり麺

2017年3月16日　第1刷発行

著者	堤 人美（つつみ ひとみ）
発行者	鈴木 哲
発行所	株式会社 講談社
	〒112-8001
	東京都文京区音羽2-12-21
	電話（編集）03-5395-3527
	（販売）03-5395-3606
	（業務）03-5395-3615
印刷所	凸版印刷株式会社
製本所	株式会社若林製本工場

定価はカバーに表示してあります。
落丁本・乱丁本は、購入書店名を明記のうえ、小社業務あてにお送りください。
送料小社負担にてお取り替えいたします。
なお、この本についてのお問い合わせは、生活文化部 第一あてにお願いいたします。
本書のコピー、スキャン、デジタル化等の無断複製は著作権法上での例外を除き禁じられています。
本書を代行業者等の第三者に依頼してスキャンやデジタル化することは、たとえ個人や家庭内の利用でも著作権法違反です。

©Hitomi Tsutsumi 2017, Printed in Japan
ISBN978-4-06-299691-4